Jacqueline Straub

Endlich Priesterin sein!

Jacqueline Straub

Endlich Priesterin sein!

Keine Frage der Macht, sondern des Herzens

Paulusverlag

«Allem bin ich gewachsen durch den, der mich stark macht.» (Philipper 4, 13)

Bibliografische Information der Deutschen Bibliothek
Die Deutsche Bibliothek verzeichnet diese Publikation in der Deutschen Nationalbibliografie; detaillierte bibliografische Angaben sind im Internet abrufbar über http://dnb.d-nb.de

Covergestaltung: Maurice Greder, Paulusverlag Freiburg / Schweiz
Coverfoto: Meli Straub
Innengestaltung: diaphan – Stephan Cuber, Liebefeld / BE
ISBN 978-3-7228-0899-4

Inhalt

Vorwort

Als junge Frau kann ich mich heutzutage in allen Bereichen unserer Gesellschaft voll und ganz verwirklichen und alles machen, was ich möchte. Nur nicht das, wozu ich mich berufen fühle: Zur Priesterin der römisch-katholischen Kirche.

Aufgrund meiner Berufung setze ich mich für die Einführung des Frauenpriestertums in der katholischen Kirche ein. Bislang gibt es in der katholischen Kirche keine echte Gleichstellung von Mann und Frau, und so heißt es im katholischen Kirchenrecht nach wie vor, dass die Weihe gültig nur ein getaufter Mann empfangen kann (Can. 1024 CIC 1983). So kann ich allein wegen meines Geschlechts nicht geweiht werden. Weil mir die Priesterinnenweihe nicht erlaubt ist, ich aber den Ruf zur Priesterin verspüre, muss ich mich stets rechtfertigen – nur, weil ich eine Frau bin.

So stand ich vor etlichen Jahren vor folgender Entscheidung: Setze ich mich dafür ein, dass auch Frauen die Möglichkeit haben, zu Priesterinnen geweiht zu werden, oder lasse ich es bleiben und schweige? Ich habe mich für den streitbaren Dialog entschieden. Bislang kann ich meine Berufung nicht so wie meine männlichen Kollegen leben. Aber ich glaube an das Veränderungspotenzial der Kirche, und ich denke, dass sich etwas ändern wird, wenn nur genug darüber gesprochen und aufgezeigt wird, weshalb die Kirche sich im 21. Jahrhundert nicht mehr vor dieser Frage verschließen darf und weshalb es wichtig und richtig ist, Frauen die Priesterweihe zu spenden. Ich werde nicht aufgeben, an meiner Berufung zur Priesterin, an meinen Traum von einer Kirche mit Priesterinnen zu glauben. Gott möge mir und allen MitstreiterInnen die Kraft geben, weiterhin diesen Weg zu gehen und auf der Pilgerstraße der Kirche Steine zur Gleichberechtigung von Mann und Frau zu legen.

In meinem ersten Buch «Jung, katholisch, weiblich. Weshalb ich Priesterin werden will» habe ich bereits über die persönlichen Beweggründe meiner Berufung geschrieben. Nun sollen in diesem Buch allgemeine Gründe dargelegt werden, weshalb Frauen die Priesterweihe in der römisch-katholischen Kirche empfangen sollen. In den letzten Jahren sind mir viele Gegenargumente vorgebracht worden, warum ich nicht zur katholischen Priesterin geweiht werden kann. Diesen möchte ich mich im vorliegenden Buch stellen und gleichzeitig aufzeigen, weshalb diese keine guten Argumente gegen das Frauenpriestertum sind.

«Frauen in der Kirche» – schon seit Jahrzehnten ist dies ein aktuelles und höchst schwieriges Thema. Schon seit Jahrzehnten wird darüber diskutiert, werden wissenschaftliche Arbeiten an den Universitäten veröffentlicht und Forderungen an die Amtsträger gestellt. Bislang ist die Diskussion nicht verklungen. Im Gegenteil, sie scheint immer lauter und dynamischer zu werden. Hochqualifizierte Theologinnen und Theologen haben über diese Causa mit Argumenten gestritten. Wir haben eine Basis, die bereit ist für Veränderungen, und viele von ihnen sehnen sich nach dem Frauenpriestertum, weil es auch die einzelnen Frauen in den Gemeinden aufwertet. Eine ältere Dame sagte mir einst: «Wenn Sie Priesterin werden, dann können Sie Ihren Traum leben, wir Frauen werden endlich als gleichwertig angesehen.» Ich glaube, die Zeit ist reif für Priesterinnen in der katholischen Kirche.

Mit diesem Buch möchte ich einen kleinen Beitrag zu diesem Thema leisten. Ich widme es allen Frauen und Männern, die bereits vor mir für das Frauenpriestertum und für gleiche Rechte von Mann und Frau eingestanden sind, und ebenso ist es allen berufenen Frauen gewidmet.

1. Kapitel

Was würde Jesus wohl dazu sagen?

Die Frage nach den Frauen in der Kirche ist eine ziemlich alte Frage. Um zu sehen, wie sich diese Frage entwickelt hat und warum es Frauen bis heute nicht erlaubt ist, Priesterin in der katholischen Kirche zu werden, müssen wir einen Blick auf die Geschichte werfen. Insbesondere auf den, nach dem wir uns benennen: Jesus Christus. Ja, Jesus Christus hat für die «Frauenbefreiung» vorbildhaft gewirkt, obwohl er sicherlich nicht für die Emanzipation, wie wir sie heute kennen, eintrat. Auch kam er nicht, weil er *nur* die Frau aus den patriarchalen Strukturen befreien wollte. Jesus relativierte aber mit seinem Verhalten die herrschenden patriarchalen Strukturen. In seinem Auftreten war er revolutionär. Ihm ging es um die Verwirklichung, Verkündigung und Vollendung des Willens Gottes. Er verkündete das Reich Gottes, und in diesem Reich sind alle Menschen gleichen Wertes und gleicher Ehre. So auch die Frauen. Er brachte den Frauen neue Würde. Jesus Christus war es, der der Frau neues Selbstbewusstsein gab und sie in ihrem Sein aufgewertet hat.

Auch die Gleichnisse, die Jesus verwendet, spiegeln ein positives Bild von Frauen wider. Er greift auf Bilder zurück, welche die Lebenswelt der damaligen Frauen beschreiben. Bewusst spricht er nicht nur zu den Männern, sondern auch zu den Frauen. Im Umgang mit Frauen war Jesus sehr sanft. Die Männer hingegen kritisierte und rügte er sogar. Seine positive, unvoreingenommene und vorbildliche Haltung gegenüber Frauen zieht sich wie ein roter Faden durch die Evangelien.

Es kommt in den biblischen Texten nicht immer nur darauf an, was gesagt wird, sondern auch, dass und wie davon berichtet wird. Dass so viele Geschichten von Frauen erzählt werden, ist sicherlich kein Zufall, sondern ist auch heute noch Anlass, intensiv darüber nachzudenken, ob eine Gleichbehandlung von Mann und Frau in der Kirche nicht im Sinne des Evangeliums ist. Ja, ob sie gar die grundlegende Botschaft Jesu Christi ist. Schließlich hat sich Jesus Christus zu den «verlorenen Schafen» gesandt gefühlt. Dazu zählen alle Gruppen, die aus unterschiedlichen Gründen von der Gesellschaft an den Rand gedrängt wurden. Jesus Christus begibt sich bewusst zu den Frauen und holt sie durch Gespräche, durch Heiligungen, die Gleichnisse über die «Frauenwelt» und das Beauftragen einer Frau (Maria Magdalena) in seine Mitte. So ist es Aufgabe der Christen, diese Randgruppen auch heute immer wieder in die Mitte zu holen und neu zu überlegen, was die Evangelien uns zu sagen haben.

Und indem die Evangelisten diese Geschichten von und mit Frauen geschrieben haben, zeigt uns das heute, welche Wirkung Jesus Christus auf das Selbstbewusstsein der Frauen ausübte. Jesu Handeln gegenüber der Frau in einer stark patriarchal geprägten Umwelt gibt mir Kraft und Mut, die Stellung der Frau in der Kirche zu stärken.

Eine Geschichte beeindruckt mich immer wieder von neuem: Die Begegnung mit der Samariterin (Johannes 4,1-42). Jesus sprengt mit diesem Gespräch, das er mit der Frau am Jakobsbrunnen führt, jegliche Grenzen. In der damaligen Gesellschaft war das Sprechen mit Frauen, mit denen man weder verheiratet noch verwandt war, ein No-Go. Es war eine Ungehörigkeit, dass ein fremder Mann eine Frau in der Öffentlichkeit anspricht. Jesus lässt sich aber bewusst auf ein Gespräch mit Frauen ein. Ein zweites No-Go war das Sprechen mit Samaritern. Als anständiger Jude hätte er sich eigentlich voll Verachtung von ihnen abwenden müssen. Denn Samariter galten in den Augen der Juden als unrein und verpönt. Den Juden war der Umgang mit Samaritern untersagt. So lautete ein üblicher Ausspruch: «Wer das Brot eines Samariters isst, ist wie einer, der Schweinefleisch isst.» Nichtsdestotrotz spricht Jesus mit dieser Frau und führt mit ihr den längsten Dialog des Johannesevangeliums. Ja, sie wird sogar zu einer echten Jüngerin Jesu, die seine Botschaft verkündet. Das Verhalten Jesu den Frauen gegenüber war also sehr aufgeschlossen; er traute ihnen zu, seine Botschaft zu verkünden, und begegnete ihnen auf Augenhöhe. Er sieht sie als gleichrangige Diskussionspartner und als wahre Apostel. Das Johannesevangelium spricht hier der *samaritischen* Frau eine hervorragende Rolle in der Verkündigung zu.

Jesus Christus sprengt dort bereits jegliche Grenzen, indem er sich auf einen Dialog mit dieser Frau einlässt. Es entsteht eine tiefe Gemeinschaft zwischen Jesus Christus und der Frau. Er zeigt den umstehenden Jüngern und der Nachwelt, dass er sich auch zu denen, die sich am Rand der Gesellschaft befinden, gesandt fühlt. Genau das waren Frauen damals!

Eine Frau «verwandelt» Jesus

Jesus liess sich auch von Frauen belehren. Das lässt sich in Matthäus 15,21-28 nachlesen. Eine Frau bittet Jesus, ihre Tochter zu heilen. Er verweigert ihr dies mit der Begründung: «Es ist nicht recht, das Brot den Kindern wegzunehmen und den Hunden vorzuwerfen.» Die Nichtjüdin, eine Kanaanäerin, geht auf die Begründung Jesu ein und überzeugt ihn, indem sie ihn darauf hinweist, dass «selbst die Hunde von den Brotresten bekommen, die vom Tisch ihrer Herren fallen». Jesus fühlte sich nur zu den Jüdinnen und Juden (den «Kindern») gesandt, nicht aber zu den Heiden (den «Hunden»). Die Frau widerlegt Jesu Logik und resümiert: «Die Hunde nehmen den Kindern nichts weg.» Jeder am Tisch wird satt, jeder kann Anteil am göttlichen Heil bekommen. Die Frau erweist sich als kluge Lehrerin und «verwandelt» dadurch Jesus, indem er seine Zeichenhandlungen als Öffnung auch zum Fremden, ja gar Feindlichen, verstehen kann. Diese Frau veränderte durch ihren Einwand Jesu Verhalten und ist in diesem Moment eine Revolutionärin.

Wie hatte es Jesus mit Diskriminierung?

Frauen begleiteten Jesus auf seiner Wanderschaft und unterstützten ihn durch ihr Vermögen. Im Judentum gab es durchaus auch Frauen, die einen Rabbiner finanziell unterstützten. Dort war es aber eher ungewöhnlich, dass sie einen Prediger auf seiner Reise begleiteten. Frauen gehörten wie auch die Männer zum Gefolge Jesu und hatten in ähnlicher, wenn nicht gar in gleicher Weise wie die Zwölf Apostel, Anteil an der Lehre und Verkündigung Jesu.

Die Frauen hatten es in der damaligen israelitischen Gesellschaft nicht einfach. Ihre Väter suchten den Ehemann aus. Mit der Hochzeit wurden sie zum Eigentum ihres Mannes. Er konnte sich bereits wegen Kleinigkeiten (z. B. einem angebrannten Essen) scheiden lassen. Die Frau dagegen hatte keinerlei Möglichkeit, sich von ihrem Mann zu trennen. In der Öffentlichkeit hatte eine Frau nichts zu suchen, und da sie aufgrund ihrer Menstruation als unrein galt, durfte sie sich im Jerusalemer Tempel nur im Vorhof aufhalten.

Im Evangelium nach Johannes (8,1-11) tritt Jesus auf eine Ehebrecherin zu, die wegen angeblichen Ehebruchs kurz vor der Steinigung steht. Er spricht über die Frau, die beim «Fremdgehen» erwischt wurde, kein Urteil. Er stellt vielmehr die Motive der Ankläger in Frage und weist die Haltung der Männer, welche die Ehebrecherin steinigen wollen, als scheinheilig und diskriminierend zurück. Ihre Kritik an der gängigen Vorstellung über Frauen als Verführerinnen verwirft er in der Bergpredigt, indem er sagt: «Wer eine Frau nur lüstern ansieht, hat in seinem Herzen schon Ehebruch mit ihr begangen.» (Matthäus 5,28) Er nimmt dort die Frau in Schutz und wertet sie somit auf, gibt ihr Personenwürde und lehnt die ungerechte und für die Frau nachteilige Scheidungspraxis ab.

Jesus löste mit seinem Handeln, mit seiner ganzen Person eine Revolution aus. Es war eine Revolution der grenzenlosen Liebe. Und das in einer Welt, die gleichsam wie heute, von Egoismus und von Macht geprägt war.[1]

Jesus machte keinen Unterschied zwischen Armen und Reichen, zwischen Männern und Frauen. Er liess jedermann zu sich kommen und behandelte jeden Menschen würdig, vor allem begegnete er den Menschen mit Trost und Verständnis. Dass Jesus Frauen in seiner Gefolgschaft duldete, wurde für viele in diesem Kulturkreis zum Vorbild. Die Frau wurde durch dieses Verhalten Jesu aus der «alten» gesellschaftlichen Stellung befreit. Sein Verhalten war frei von jeder Missachtung oder Diskriminierung des weiblichen Geschlechts. Jesus sieht die Frau nicht nur in ihrer biologischen Rolle als Mutter, sondern nimmt sie als Mensch wahr. Dadurch kommt es zu einer neuen Wertung der Frau. Ich bin mir sicher: Aufgrund seines Verhaltens hätte er sich auch gewünscht, dass Frauen ebenso in der Kirche wichtige Funktionen ausüben.

Würde man Jesus heute fragen, was er von der ganzen Diskussion über das Frauenpriestertum hält, denke ich, würde er sagen: «Lasst die Frauen auch in der katholischen Kirche Priesterinnen werden.» Viele mögen mir nun vorwerfen, ich könne Jesus solche Worte doch nicht in den Mund legen. Ich mache das aber aus dem Wissen heraus, wie er selbst vor 2000 Jahren mit den Frauen umgegangen ist. Es war ein freundlicher, ja liebevoller Umgang. Jesus Christus stellte sich auf die Seite der Frauen – ohne dabei die Männer zu vernachlässigen. Darum glaube ich sagen zu dürfen, dass er auch heute für die Frauen sprechen würde. Natürlich würde er hinzufügen: «Die Berufung zu diesem Dienst muss vorhanden und erkennbar sein.» Die erste Frau, die von Jesus selbst die Berufung zum Dienst erhalten hat, war Maria Magdalena. Jesus Christus *berief* sie in seine Nachfolge, und sie folgte seinem *Ruf*.

Die große Apostelin Maria Magdalena

Nachdem Jesus Christus Maria Magdalena von sieben Dämonen (Lukas 8,2; Markus 16,9) heilte, folgte sie ihm voller Dankbarkeit nach und wurde zur wichtigsten Jüngerin Jesu. Die Frauen, die in der Gefolgschaft Jesu waren, unterstützten ihn mit dem, was sie besaßen. So vermutlich auch Maria Magdalena, die unabhängig war.

Bei der Kreuzigung Jesu auf Golgatha wird Maria Magdalena wieder genannt. Als Jesus zur Kreuzigung verurteilt wurde und auf Golgatha qualvoll am Kreuz litt, waren es Maria Magdalena und andere Frauen der Jüngerschaft, die Jesus beistanden. Bei der Kreuzigung waren die männlichen Apostel hingegen geflohen. Einzig das spät entstandene Evangelium nach Johannes nennt einen Mann, den Lieblingsjünger Johannes. Nur die Frauen harrten unter dem Kreuz aus und brachten sich damit selbst in große Gefahr. In der antiken Zeit war das Stehen unter dem Kreuz ein sichtbares Zeichen von Sympathie gegenüber dem Gekreuzigten. Den Frauen blühte das gleiche Urteil, als Verbrecherinnen bezichtigt zu werden. Doch diese Frauen blieben stark und standen mutig zu Jesus Christus.

Es ist ein deutliches Indiz für ein historisches Ereignis, dass in allen drei Evangelien von Frauen am Kreuz berichtet wird.

Maria Magdalena ist Jesus bis zum Schluss nachgefolgt. Nachfolge bedeutet in der Bibel die volle Teilhabe am Wanderleben Jesu, an Krankenheilungen, an den Predigten und der Verkündigung. Es wird kein Unterschied zwischen Jüngern und Jüngerinnen gemacht. Allerdings ist zu beachten, dass in der Bibel eine androzentrische

Sprache vorherrscht, eine stark männergeprägte Sprache. Wenn also von «Brüdern» die Rede ist, müssen die «Schwestern» automatisch mitgedacht werden.[2]

Die mutige Maria Magdalena harrte nicht nur bis zum bitteren Ende unter dem Kreuz aus, sie glaubte auch über den Tod hinaus an Jesus. Sie war es, die am Ostermorgen vom Auferweckten als erste den Auftrag erhalten hatte, die Frohe Botschaft von der Auferstehung den anderen Jüngern zu verkünden. Und das, obwohl eine Frau gemeinhin kein öffentliches Zeugnis ablegen konnte. Indem Jesus einer Frau den Auftrag erteilt, seine Auferstehung öffentlich zu bezeugen, wertet er die Frau nicht nur auf, sondern sprengt gleichzeitig auch gesellschaftliche Konventionen. Dadurch ließ er etwas Neues beginnen: Der Glaube zählt, nicht das Geschlecht!

Dass Maria Magdalena zur ersten Zeugin der Auferstehung Jesu Christi wird, ist von höchster Bedeutung für die Stellung der Frau im Christentum. Nicht die auserwählten Apostel und auch nicht der Lieblingsjünger Johannes sahen Jesus zuerst. Nein, es war eine Frau! Einer Frau wurde zuerst anvertraut, das Licht in die Welt hinauszutragen. Eine Frau sollte den Menschen über den Messias berichten. Hätte sie geschwiegen oder wäre sie vor lauter Angst davongelaufen, gäbe es das Christentum heute vielleicht nicht. Aber Christus hatte so viel Vertrauen in Maria Magdalena, dass ihm klar war, ihr diese große Aufgabe anvertrauen zu können.

Gott vertraut Maria Magdalena – indem er sie zur Erstverkünderin der Auferstehung macht – die göttliche Macht an. Sie weiß um die Rolle Jesu Christi in der Heilsgeschichte.

Maria Magdalena spricht Jesus mit «Rabbuni» an. Dies kann auch mit «mein Rabbi» wiedergeben werden. Darin zeigt sich eine persönliche Nähe zwischen Maria Magdalena und dem auferstandenen Jesus. So wird sie zur Schlüsselfigur des Christentums. Als Zeugin der Auferstehung ist Maria Magdalena die zentrale Gestalt der christlichen

Auferstehungsbotschaft.[3] Ihre leuchtende und bedeutende Rolle wurde jedoch durch die Geschichte hindurch verzerrt und verändert, ja sogar beschmutzt. Dennoch ist sie die wichtigste Jüngerin und erste Apostelin Jesu Christi – zu Recht wurde sie jüngst durch den Vatikan den Aposteln gleichgestellt und liturgisch aufgewertet. Der Gedenktag am 22. Juli wird nun als kirchliches Fest eingestuft.

In jedem Gottesdienst erinnern wir uns bei der Eucharistie an Christi Tod und Auferstehung. Bei diesen zentralen Ereignissen waren es die Frauen, allen voran Maria Magdalena, die dabei waren und so zu ersten Zeuginnen wurden. Wäre es dann nicht im Sinne Jesu Christi, Frauen auch am Altar zuzulassen?

Paulus und die Frauen

Nach dem Tod und der Auferstehung Jesu Christi entstanden die ersten Christengemeinden. Dort beteiligten sich Frauen sehr aktiv. Sie waren an der organisierten Mission und der Verkündigungsarbeit beteiligt. Frauen predigten, waren Diakoninnen und übernahmen bei den Eucharistiefeiern eine führende Rolle. Die ersten Generationen nach Jesus haben sich an seinem Verhalten orientiert und Gleichheit in den Gemeinden hergestellt.

Allein die paulinischen Gemeinden und die Paulusbriefe spiegeln eine Welt wider, in der Frauen herausragende Funktionen ausübten. Sie waren Evangelistinnen, Apostelinnen, Gemeindevorsteherinnen und Trägerinnen prophetischer Autorität. Für Paulus war es eine Selbstverständlichkeit, mit ihnen zusammenzuarbeiten. Frauen wirkten in der Mission und waren im Gottesdienst gleichberechtigt.

Die Parusievorstellung*, die baldige Wiederkunft Christi, hatte erstaunliche Auswirkung auf die «Befreiung» der Frau. Gleichheit wurde in den Gemeinden gelebt, da die Herrschaft Gottes die alten Strukturen der Gesellschaft bei der Wiederkunft so oder so aufheben wird. So wurden die Frauen durch die Parusievorstellung von traditionellen Vorstellungen befreit, die Frau müsse Kinder für ihr und des Mannes Heil bekommen. Dadurch entstand ein neues Ideal, das eine Emanzipation der Frau im 4. Jahrhundert mit sich brachte: Die Jungfräulichkeit.

Galater 3,28 – Die Magna Charta der Christen

Wenn Paulus in Galater 3,28 sagt «Es gibt nicht mehr Juden und Griechen, nicht Sklaven und Freie, nicht Mann und Frau; denn ihr alle seid «einer» in Christus Jesus», spricht er Männer und Frauen vor Gott und vor Jesus Christus den gleichen Status zu. Der getaufte Mensch ist «Tochter oder Sohn Gottes».

Sieht man sich das jüdische Morgengebet an, das jeder Mann betete «Gepriesen seist du, Ewiger, unser Gott, König der Welt, der mich nicht als Heiden erschaffen hat, nicht als Sklaven – nicht als Frau», und hat man die antiken Vorstellungen über die Frau vor Augen, so sieht man, dass Paulus Aussage geradezu revolutionär ist. Für Paulus steht fest, dass Gott nicht auf das Geschlecht einer Person schaut, sondern allein auf den Glauben (vgl. Röm 2,11). Bewusst greift Paulus hier auf Genesis 1,26 zurück und begründet sein Verständnis von Gleichheit schöpfungstheologisch.

Paulus zitiert in Galater 3,28 den Leitsatz der frühen Kirche und betont, dass aufgrund der Taufe ethische und soziale Hürden und auch jegliche unterschiedlichen Bewertungen und Funktionalisierungen der Geschlechter überwunden sind. Durch das Gleich-sein in Christus stehen getaufte Frauen in den christlichen Gemeinden auf derselben Ebene wie die getauften Männer. Galater 3,28 ist zwar eine primär theologische Aussage, deutet aber die neue Gemeindeerfahrung von Gleichheit als Aufhebung jeglicher Diskriminierung und als Anbruch der neuen Schöpfung.[4] Galater 3,28 spiegelt die Situation in der paulinischen Missionsgemeinde wider. Gerade darin, dass der Unterschied der Geschlechter nicht mehr besteht, zeigt sich, dass Paulus auf die praktische Umsetzung einer solchen Emanzipation drängt.

Durch die Taufe wird im Menschen eine neue Wirklichkeit eröffnet, die seine Existenz grundlegend verändert und auf eine neue Ebene stellt. Eine Ebene, auf der u.a. das Geschlecht keine Rolle mehr spielt. Hier zeigt sich nicht nur eine Gleichheit aller vor Gott unter Beibehaltung bestimmter religiöser, sozial und geschlechtlich bedingter Rollen, sondern es zeigt sich auch, dass sich dieser paulinische Leitsatz konkret in den Gemeinden vollzogen hat. Ohne dabei die realen Unterschiede zwischen den Personen zu verleugnen. Die von Frauen ausgeübten Rollen in den Gemeinden (vgl. Phil 4,2f.; Röm 16,1-3.6f.12) bestätigen diese Gleichheit der Geschlechter.

Galater 3,28 ist die Erfahrung eines Bruchs mit der gesellschaftlich vorgegebenen Rollenverteilung von Männern und Frauen. Die erste Generation zog aus den Aussagen des Paulus konkrete Schlüsse. Frauen und Männer konnten sich in gleicher Weise in den gottesdienstlichen Versammlungen und in der Mission beteiligen. Galater 3,28 kann als «Magna Charta der Christen» bezeichnet werden, deren enorme Sprengkraft der damaligen Gemeinden auch heute wiederentdeckt werden sollte. Weil diese «Kraft» der Gleichheit damals nicht gering geschätzt wurde, darf das heute ebenfalls nicht geschehen.

Das Diakonat der Frau – ein erster Schritt in die richtige Richtung

Das Neue Testament und die Geschichte der frühen Kirche zeigen, dass es viele Ämter, Funktionen und Aufgaben für Frauen gab. Unter den Frauen in den christlichen Gemeinden fanden sich Apostelinnen wie Maria Magdalena, die von einigen Kirchenvätern und Theologen der frühen Kirche – etwa von Hippolyt von Rom (170–235 n. Chr.)[5] –, als «Apostelin der Apostel» bezeichnet wurde.[6] In der Ostkirche erhielt sie den Titel «Apostelgleiche».

Der Römerbrief nennt Junia, eine Apostelin, die im Laufe der Kirchengeschichte zu einem Mann, Junias, umgewandelt wurde.[7]

In der neuen Bibelausgabe der katholischen Kirche, der Einheitsübersetzung (erschienen 2017), wurde die bibelwissenschaftliche Erkenntnis über Junia aufgenommen. So geht der Gruß des Paulus in Römer 16,7 nicht mehr an einen vermeintlichen Mann, namens Junias, sondern an die Apostelin Junia. Die Frau Junia findet nun offiziell ihren Platz auf der Liste der herausragenden Apostel.

Der 1. Korintherbrief nennt Prophetinnen. In der Apostelgeschichte und im Römerbrief finden wir Frauen in der Funktion der Vorsteherin von Hauskirchen. Frauen wie Thekla waren Missionarinnen oder Lehrerinnen wie Priska. Die frühe Kirche kennt Patroninnen und Leiterinnen ganzer Ortsgemeinden, so die selbstbewusste Phöbe.

Im Römerbrief des Paulus, in der sogenannten Grußliste im 16. Kapitel, werden achtundzwanzig Christen und Christinnen in der Gemeinde in Rom von Paulus gegrüßt. Allein ein Drittel davon sind Frauen. Dort wird Phöbe von Paulus als «Diakonin der Gemeinde in Kenchreä» genannt. Es ist davon auszugehen, dass Phöbe einen ständigen, anerkannten Fürsorge-, Verkündigungs- und Leitungsdienst in der Gemeinde ausübte. Diakone und Diakoninnen haben sowohl karitative Aufgaben als auch den Verkündigungsdienst wahrgenommen und waren zusammen mit den «episkopoi», den Bischöfen, am kirchlichen Leitungsdienst beteiligt. Frauen waren somit ganz zu Beginn des Christentums an wichtigen Aufgaben beteiligt und nahmen dieselben Dienste wie die Männer wahr.

Paulus empfiehlt sogar in seinem Brief an die Römer die Diakonin Phöbe der römischen Gemeinde. Das Empfehlungsschreiben, das sie bekommt, legitimiert sie als Mitarbeiterin im Missionswerk Christi. Sie scheint alle Funktionen eines Amtsträgers der christlichen Gemeinde ausgeübt zu haben. So ist Phöbe Vorsteherin einer frühchristlichen Gemeinde. Allerdings wurde sie mit den Jahren abwertend als bloße Hilfskraft des Apostels Paulus bezeichnet. Der griechische Begriff «diakonos» wird meist mit «Missionar» übersetzt. Auf Phöbe bezogen erscheint er in der deutschen Übersetzung gewöhnlich als «Dienerin». So wird die Rolle, die sie im 1. Jahrhundert ausübte, auf weniger bedeutende Pflichten späterer Diakonissen beschränkt und nur in der Kranken- und Armenpflege gesehen.

Neben dem Titel der Diakonin wird Phöbe auch «prostatis», also Helferin oder Patronin genannt. Diese Bezeichnung kommt im Neuen Testament öfters vor und bezeichnet dabei stets hochrangige Funktionen von Männern. In 1. Timotheus 3,4-14 wird «prostatis» verwendet, um die Funktion eines Bischofs, eines Diakons oder eines Ältesten zu beschreiben. Warum dann – auf Phöbe bezogen – anders definieren? Sie war offenbar eine reiche Frau von hohem sozialem Status und lehrte selbst den Apostel Paulus, «denn auch sie ist vielen eine Beschützerin gewesen, auch mir [Paulus] selbst» (Röm 16,2).

Frauen waren für die christliche Mission unabdingbar. Die ersten fünf Jahrhunderte könnte man das Christentum fast ohne Männer erzählen. Vor allem Frauen waren es, die dem christlichen Glauben Tür und Tor öffneten. So war Phöbe bedeutsam, denn sie wurde beauftragt, die Lehre des Christentums in die Welt zu tragen. Sie hatte somit eine herausragende Stellung in der frühen Kirche.

Das sieht man auch daran, dass in der Weiheformel für die Byzantinische Diakoninnenweihe der Bischof die Hand auf den Kopf der Frau legt und für die Herabkunft des Heiligen Geistes betet. Dabei sagte er: «Gnadengabe Deines Diakonats der Phöbe, die Du zum Werk Deines liturgischen Dienstes berufen hast.» Die Diakonin zählt zu den

Geweihten, auch wenn sie an unterster Stufe steht, und ihr wird dort eine gewisse «Macht in der Eucharistie» zugesprochen.

Das älteste Zeugnis über Diakoninnen im Amt ist eine nichtchristliche Quelle. Der Briefwechsel zwischen Plinius dem Jüngeren und Kaiser Trajan (um etwa 112) zeigt uns, dass dort zwei Sklavinnen, die Diakoninnen (ministrae [=Diakonissen]) waren, ein Amt bekleideten.[8]

Wenn hier die Rede von «ministrae» ist, dann können es nur weibliche Diakone gewesen sein, da dies der exakte lateinische Ausdruck dafür ist. Die Bezeichnung von Plinius für die zwei zur Folter verurteilten Sklavinnen ist der offiziellen, amtlichen Sprache der Kirche entnommen. Und da der Briefwechsel zwischen Plinius und Trajan zeitlich den Pastoralbriefen sehr nahe liegt, kann es sich im 1. Timotheusbrief 3,11 durchaus um Frauen als weibliche Diakone handeln.[9]

Neben dieser außerchristlichen Quelle gibt es weitere Quellen, die über das diakonische Amt von Frauen im frühen Christentum berichten. In der *Didaskalia Apostolorum*, einer frühchristlichen Gemeindeordnung, die wahrscheinlich um 230 n. Chr. in Syrien entstand, wird das Mindestalter von Diakoninnen auf 50 Jahre festgelegt, derweil die Pastoralbriefe von einem Alter von 60 Jahren ausgehen. Die Didaskalia ist gegenüber Frauen durchaus polemisch, vor allem gegenüber Witwen. Betrachtet man aber den Text genauer, fällt auf, dass Frauen um 230 n. Chr. in Syrien das Evangelium verkündeten und auch unterrichteten, mithin Katechese betrieben. Den Frauen werden die Aufgaben der Mission, die Vorbereitung auf die Taufe und die Versorgung von Kranken zugeschrieben. Zudem ist es ihre Aufgabe, in die Häuser der Frauen zu gehen, da dort männliche Diakone keinen Zutritt hatten. Die frühchristliche Schrift aus Syrien kennt noch keine Zölibatsverpflichtung für Diakoninnen. Es findet ein Versuch statt, das Diakonat der Frau neben dem Bischof und dem männlichen Diakon theologisch zu begründen und zu legitimieren, indem der Bischof an die Stelle Gottes rückt, der Diakon an die Stelle Christi und die Diakonin an die Stelle des Heiligen Geistes (vgl. Syrische Didaskalie Nr. 9)[10]. Dass die Diakonin den Heiligen Geist repräsentiert, hängt wohl damit zusammen, dass im Syrischen das Wort für Geist weiblichen Ursprungs ist. Diese Zuschreibung findet sich jedoch nur in der *Didaskalia Apostolorum*. Presbyter, also Priester, werden lediglich an die Stelle der Apostel gestellt. Das zeigt deutlich, dass es sich beim Diakonat der Frau um ein kirchliches Amt handelte.

Doch so eindeutig und harmonisch war es bei weitem nicht. Denn das Konzil von Nicäa (325) stellte in Canon 19 fest, dass Diakoninnen «keinerlei Ordination besitzen, sondern in jeder Beziehung unter die Laien zu rechnen sind». Hier zeigt sich eine deutliche Ablehnung von Diakoninnen im sakramentalen Amt. Im Gegensatz dazu erwähnt das Konzil von Chalcedon (451) die Ordination von Diakoninnen durch Handauflegung und Gebet und bestimmt ein Mindestalter von 40 Jahren. Dort wird allerdings eine Zölibatsverpflichtung ausgesprochen. Sollte eine Diakonin wieder heiraten, wurde sie mit der Exkommunikation bestraft. Das Konzil von Chalcedon zeigt, dass sich die Institution der ordinierten Diakonin durchgesetzt hat und als selbstverständlich vorausgesetzt wird. Zumindest im Osten. Der orthodoxe Theologe Evangelos Theodorou hat nachgewiesen, dass die Ordinationsformel für die Diakonin in den Ostkirchen alle Charakteristika einer «höheren Weihe» enthält. So gehörte die Diakonin zum ordinierten Klerus. Im christlichen Osten gab es über ein Jahrtausend lang ordinierte Klerikerinnen. Der Westen hielt bereits früh am Verbot von geweihten Diakoninnen fest. Das lag vor allem an patriarchalischen Repressionen und Anfeindungen gegenüber der Frau, die aus der römischen Gesellschaft stammten.

Das frühe Christentum war pluralistisch und funktional bestimmt. Die Monopolisierung des Bischofsamtes und der damit verbundenen Hierarchie hat sich erst später entwickelt. Aus den zunächst unabhängigen Ämtern des Presbyterats (Priester) und des Diakonats kam es nach und nach zu einer Unterordnung des Diakonats unter das Presbyterat.

In den letzten Jahrzehnten ist in manchen orthodoxen Nationalkirchen darüber nachgedacht worden, das Amt der geweihten Diakonin wieder einzuführen. Der armenische Patriarch von Konstantinopel Erzbischof Schnork I. Kalustjan erklärte, dass das Diakonat der Frau gleichwertig ist wie das Diakonat des Mannes. Diese positive Haltung erklärt es vielleicht auch, weshalb 1982 in Konstantinopel eine Diakonin für die armenische Kirche geweiht wurde. Sie zählt zum Klerus.

Erst kürzlich wurde auf der Synode des Griechisch-Orthodoxen Patriarchates von Alexandrien über das Frauendiakonat diskutiert.[11] Eine Kommission von drei Bischöfen des Patriarchats von Alexandrien wird über die Wiedereinführung des Amtes der Diakonin beraten, da historische Gründe dafür sprechen. Dabei soll es auch eine Einordnung des hierarchischen Weihegrades geben.

Die Wiedereinführung des Diakonats der Frau in der lateinischen Kirche wäre nicht nur eine Rückbesinnung auf die Wurzeln und gleichzeitig ein Hören auf die «Zeichen der Zeit». Es wäre gleichzeitig auch eine Annäherung an die Ökumene – schließlich gab es über 1000 Jahre lang einen geweihten Diakonat in der Ostkirche.

Wird es in Zukunft auch Diakoninnen in der katholischen Kirche geben? Jüngst hat sich Papst Franziskus bei einer Audienz mit 870 Generaloberinnen aus der ganzen Welt dafür ausgesprochen, eine Kommission einzuberufen, um das Diakonat der Frau zu prüfen. Bringt diese Kommission überhaupt etwas? Schließlich wurde in den letzten Jahrzehnten bereits alles zu diesem Thema gründlich erforscht, und es liegt offen auf der Hand, dass theologisch nichts gegen das Diakonat der Frau spricht.

Wenn der Papst und die Bischöfe sich für die Diakoninnenweihe entscheiden, dann werden sie auch vor dem Problem der Priesterweihe für die Frau stehen. Denn theologisch gesehen gibt es nur *eine* Weihe, die zwar in drei Stufen (Diakonat, Priester, Bischof) unterteilt ist. Doch wird die Frau zur Diakonenweihe zugelassen, kann man ihr die weiteren Weihen kaum verweigern. Ich persönlich kann mich nur mit einem sakramentalen Diakonat befreunden, das demjenigen des Mannes gleichwertig ist. Alles andere wäre eine «Mogelpackung» und eine traurige Vertröstung.

Denn bloß Diakoninnen zu haben, löst die Probleme, die wir in vielen Gemeinden haben, nicht. Diakone (ob Mann oder Frau) dürfen nicht die Eucharistie feiern und nicht das Sakrament der Buße und das Sakrament der Krankensalbung spenden. So wäre das akute pastorale Problem nicht gelöst, und die Seelsorge würde weiterhin vor kaum überwindbaren Hürden stehen.

Eine Art «Diakonat light» wurde zwar von dem deutschen Kardinal Walter Kasper vorgeschlagen, also ein Amt, das allerdings keine Weihe beinhalten würde. Man könnte es auch als «Pastoralassistentin Plus» bezeichnen. Auch gab es neben dem weihelosen Diakonat die Idee, das Diakonat der Frau mit der Jungfrauenweihe zu koppeln. Beide herabgestuften Formen von Diakonat wurden von den Frauenverbänden jedoch abgelehnt.

Das aufkeimende Christentum dank Hauskirchen

Die christliche Botschaft verbreitete sich sehr rasch. Überall entstanden christliche Gemeinden, und Menschen fanden zum Glauben an Jesus Christus. So waren Hauskirchen neben den Großgemeinden der Ort, an dem der krasse Unterschied zur antiken Umwelt deutlich wurde. Soziologische, ethnische und religiöse Barrieren wurden überwunden, und Männer und Frauen erhielten die gleichen Möglichkeiten. So schlossen sich Frauen den neuaufkommenden christlichen

Gemeinden an, wie etwa die wohlhabende Geschäftsfrau Lydia, die zur ersten Christin Europas wurde (Apg 16,15). Die Frau aus Philippi drängte Paulus dazu, ihr Haus zu einer christlichen Hauskirche zu machen. Paulus ließ sich darauf ein. Zwar wird in der Apostelgeschichte nicht ausdrücklich gesagt, dass Lydia fortan eine wichtige Figur in der Gemeinde von Philippi war, da sie selbst nur noch einmal im Neuen Testament (Apg 16,40) genannt wird, dennoch ist zu vermuten, dass die Hauskirche der Purpurhändlerin Lydia ein Zentrum der christlichen Mission war. Paulus schätzt die Gemeinde von Philippi, was durch viele Bemerkungen seinerseits deutlich wird. (vgl. Phil 1,3-5).[12]

Es gab somit auch Leiterinnen von Hauskirchen. Viele dieser Hauskirchen gab es bis ins 2./3. Jahrhundert. Sie trugen den Namen des Haushaltsvorstands. Die Leiter der Gemeinden hatten Verantwortung für die Nahrungsmittel der Gemeinde, den Wein und andere materielle Güter. Die Hälfte aller Kirchen in Rom wurde von Frauen gegründet. Für die Christen der ersten Generationen waren Frauen als Leiterinnen, also Vorstände der Gottesdienste, etwas ganz Normales. Die Amtsausübung von Frauen wurde als natürlich empfunden. In den Hausgemeinden galt das «geschwisterliche Prinzip», welches das Prinzip der «väterlichen Gewalt» für beendet erklärte. Jeder in einer christlichen Gemeinde war dem anderen Bruder, Schwester oder Mutter. Es gab keinen *pater familias*, der das Sagen über die Familie hatte. Einzig Jesus Christus ist das Haupt der großen Familie, so sollte sich keiner Vater nennen, denn nur Gott ist *abba*.

Die christlichen Hausgemeinden waren Knotenpunkte des sich ausbreitenden Christentums. In den Häusern der Leiter wurde zusammen das Mahl gefeiert und man tauschte sich über das Evangelium und über den Glauben aus. Gerade in den Hausgemeinden spielten Frauen für das aufkommende Christentum eine zentrale Rolle. Indem Frauen Hauskirchen gründeten, legten sie den Grundstein für die heutigen Gottesdienste.

Ein bekanntes Ehepaar im Neuen Testament, das eine Hauskirche organisierte und leitete, waren Priska und Aquila (Röm 16,3). Im Römerbrief wird Priska vor ihrem Mann genannt. Das deutet darauf hin, dass sie – zumindest in Bezug auf die christliche Missionsarbeit – die bedeutendere Persönlichkeit der beiden war. In der Apostelgeschichte wird Apollo durch Priska und Aquila in der christlichen Lehre unterwiesen. Lukas, der die Apostelgeschichte geschrieben hat, sieht kein Problem damit, eine Frau zu nennen, die predigt und andere im Glauben lehrt.

Solange die christlichen Gemeinden sich im Privaten aufhielten, war es für Frauen kein Problem, Führungspositionen einzunehmen und Ämter auszuüben. Das führte erst zu Schwierigkeiten, als das Christ-Sein mehr und mehr in die öffentliche Sphäre rückte und zu einer öffentlichen Angelegenheit wurde. So kam es in der Kirche zu einer Institutionalisierung, wobei der Bischof der Leiter der christlichen Gemeinde wurde. Das führte zu Auseinandersetzungen um die Amtsausübung von Frauen. Damit das Christentum überleben konnte, passte es sich an die gesellschaftlichen Normen der griechisch-römischen Kultur an. Die Kirche konnte der kulturellen Strömung nicht länger standhalten und übernahm die in der griechisch-römischen Gesellschaft herrschenden Regeln von der Unterordnung der Frauen.

In dieser Zeit der Auseinandersetzung über die Frage von Frauen in Ämtern kamen auch Diskussionen darüber auf, ob Frauen der Eucharistie vorstehen können. Um Frauen vom Altar zu vertreiben, erfand der Autor einer Sammlung «apostolischer» Kanones aus Ägypten eine Kontroverse von Martha, Maria und den Aposteln. Darin wird in recht frauenfeindlicher Sprache gesagt, dass die Frauen das schwache Geschlecht seien, weshalb sie nicht aufrecht stehen, sondern «am Boden sitzend» beten dürfen. Daraus wird geschlussfolgert: «Wie könnten wir also ein Amt für Frauen einrichten?»[13] Die Frau könne nur einer karitativen Tätigkeit nachgehen - die Realität in den ägyptischen christlichen Gemeinden dürfte wohl anders ausgesehen haben.

Dennoch bestätigt uns diese Schrift, dass Frauen an dieser Debatte der Apostel und der Entscheidungsfindung beteiligt waren. Und sie zeigt auch, dass die Rolle der Frau in Bezug auf die Darbringung von Brot und Wein zu diesem Zeitpunkt noch nicht klar geregelt war und somit für Diskussionsstoff sorgte.[14]

Die Verteidiger der Frauen in Führungspositionen brachten Gal 3,28 und die darin genannte gleiche Natur von Mann und Frau vor. Die Gegner beriefen sich jedoch auf die «niedere Natur» der Frau, da diese zu wenig Hitze habe.

Ab diesem Zeitpunkt – übernommen vom griechisch-römischen Kulturkreis– sollte eine anständige christliche Frau keine öffentlichen Ämter wahrnehmen. Denn dies ließe sich mit der typisch weiblichen Tugend, der Bescheidenheit, schwer vereinbaren. Ebenso hatte sie schweigsam, keusch und gehorsam zu sein. Eine Frau, die in der Öffentlichkeit stand, wurde als sexuelle Frau betrachtet und galt als Schande. So wurde der Leitsatz der paulinischen Botschaft, «da ist nicht mehr männlich noch weiblich», verschüttet. Bis heute ist dieser noch nicht ganz erkannt und zu neuem Leben erweckt worden.

2. Kapitel

Paulus, der Frauenfeind?

Paulus war vor seiner Bekehrung zu Jesus Christus Jude, der in der jüdischen Tradition verwurzelt war. Außerdem war er auch in der hellenistischen Kultur verankert. In beiden Kulturkreisen spielte die Frau in der Gesellschaft eine untergeordnete Rolle. Doch in den paulinischen Gemeinden hob das neue Sein in Christus, also das Christwerden durch die Taufe, die damalige patriarchale Gesellschaftsordnung aus den Angeln. Zu behaupten, Paulus sei ein Frauenfeind, weil er die Frau zum Schweigen (1. Korintherbrief) verdonnert und sie dem Mann untergeordnet hat (Epheserbrief), ist nicht nur falsch, sondern auch leichtsinnig. Das Neue Testament ist voll von Frauen, die Paulus bei der Mission halfen und von ihm als gleichwertig angesehen wurden. Die Schriften zeigen auch, dass Paulus die Gleichheit zwischen den Geschlechtern nicht nur predigte (Kol 3,11[15]), sondern diese konkret in die Tat umsetzte (Röm 16). Paulus hat bewusst Frauen gewählt. Nichts könnte entfernter liegen als zu behaupten, dass Paulus frauenfeindlich eingestellt gewesen sei.

Theologie der Verdrängung – Apostelin Junia

In Röm 16,7 wird die Führungspersönlichkeit Junia genannt. Sie wird von Paulus als «angesehene Apostelin» tituliert. Junia hatte schon vor Paulus zum Glauben an Christus gefunden und saß deswegen bereits im Gefängnis. Zusammen mit ihrem Mann Andronikus war sie in der Missionsarbeit tätig.

Selbst der Kirchenvater Johannes Chrysostomos, der im 4. Jahrhundert als Erzbischof und Theologe wirkte, bezeichnet Junia als Apostelin und fügt hinzu: «Es ist schon etwas Großes, ein Apostel zu sein, aber erst unter den Aposteln hervorragend zu sein, bedenke, was das für ein Lob ist! Hervorragend waren sie durch ihre Taten und guten Werke. Ach, was muss das für eine erleuchtete Tugend dieser Frau gewesen sein, dass sie des Titels eines Apostels würdig erachtet wurde!»[16]

Sie nahm also eine Sonderstellung ein. Doch weil diese Wichtigkeit nicht in den Augen aller tragbar war, wurde die berühmte Apostelin der Frühkirche damals absichtlich umgewandelt, und zwar in einen Mann namens Junias.

Im 13. Jahrhundert, unter Ägidius von Rom (1245–1315), begann die Geschlechtsumwandlung der Junia. Ab sofort tauchte die Frau Junia in den Bibelübersetzungen nur noch als Mann, Junias, auf.

Jahrhunderte später, in den 70er-Jahren des 20. Jahrhunderts, fanden TheologInnen (namentlich Bernadette Brooten[17]) heraus, dass der Männername «Junias» niemals existiert hat, weder in der antiken Literatur noch in Namenslisten. Der Frauenname «Junia» hingegen war ein sehr geläufiger Name in der antiken Welt. Die Apostelin Junia war eine herausragende Persönlichkeit des frühen Christentums, deren Wichtigkeit verdrängt und schließlich durch Dokumentenfälschung in das männliche Geschlecht überführt wurde.

«Die Frau hat zu schweigen und ihr Haupt zu bedecken» – 1 Kor 11 und 14

«Die Frauen sollen in der Versammlung schweigen» (1 Kor 14,33-36). Dieser Vers der Bibel hat sich in viele Köpfe hineingeschlichen und darin festgesetzt. Viele Gläubige, vor allem auch Frauen, schweigen noch immer. Und auch mir wird oft gesagt: «Du hast zu schweigen. Paulus sagte dies schon.» Neben 1 Kor 14,33-36 wird auch gerne 1 Tim 2,11-15 genannt, um den Ausschluss der Frau von Ämtern als von Gott oder zumindest als von Paulus gewollt darzustellen. Dabei stammen diese Zeilen gar nicht von Paulus. Die Wissenschaft geht heute davon aus, dass diese Zitate später unter dem Namen von Paulus hineingeschrieben wurden. Der Textabschnitt widerspricht den sonstigen Aussagen des Paulus über die Frau und passt zudem nicht in den Kontext des Paulusbriefes an die Korinther. Dieses Zitat spiegelt aber deutlich die Spannung zwischen der traditionellen Rollenverteilung und der Gleichwertigkeit der Frau in den Gemeinden wider. Dabei spielte die Vorstellung von der Schicklichkeit der Frau in der römischen Gesellschaft eine wichtige Rolle. Eine Frau, die öffentlich ihr Wort erhob, verstieß gegen die Sitten und brachte durch ihr Verhalten gar angeblich die Ordnung des Staates in Gefahr. Auch der babylonische Talmud* sah die öffentliche Rede einer Frau als ein «lästiges Übel» an.

Wenn in 1 Kor 14,35 gesagt wird, dass die Frau in der Versammlung schweigen soll, muss bedacht werden, dass «ekklesia» nicht unmittelbar «Kirche» bedeutet. Es ist der Begriff für die römische Volksversammlung, an der nur volljährige, stimmberechtigte und männliche Bürger der Stadt teilnehmen durften.

Ist es nicht ein Widerspruch, wenn im Namen des Paulus den Frauen von Korinth erlaubt wird, prophetisch zu reden (1 Kor 11,5) und in 1 Kor 14,34 gesagt wird, sie dürfen ihre Stimmen nicht erheben? Die ersten Christen lebten in der Überzeugung, dass am Pfingsttag über alle der Heilige Geist ausgegossen wurde und darum im Geist alle befähigt sind, prophetische Reden zu halten. Frauen sollen weissagen! Das sagt Paulus ein paar Kapitel zuvor deutlich, und auch in 1 Kor 14,39 betont er nochmals: «Strebt also nach der Prophetengabe, meine Brüder und Schwestern, und hindert niemanden daran, in Zungen zu reden.» Paulus hatte nichts dagegen, dass geschulte Frauen lehrten, schließlich berichtet er selbst von Priscilla, die zusammen mit ihrem Mann Aquila Missionsarbeit betrieb und Paulus sogar «den Weg Gottes lehrte» (Apg 18,26).

In 1 Kor 11,2-16 wird nicht gesagt, dass die Frau nicht öffentlich beten oder prophetisch reden, sondern dass sie sich dabei das Haar bedecken soll. Offenes Haar bei Frauen war ein Zeichen der Unschicklichkeit und der sexuellen Blöße. Damit die Botschaft Jesu Christi nicht als unehrenhaftes Verhalten missverstanden werde, sollten sich die Frauen an die kulturellen Bedingungen anpassen. Ihm geht es dabei nicht darum, dass sie sich verhüllen sollen. Ihm ist einzig wichtig, dass der Gottesdienst – mit antiken Augen betrachtet – «anständig» gefeiert wird.

Die Worte «kephale einai» in 1 Kor 11,3 werden meist mit «Haupt sein» übersetzt. Eigentlich müsste es aber «Autorität haben über» heißen. Die Autorität wird von Christus, den Aposteln oder der Kirche eingesetzt. Das ist der Grund, weshalb es in der Kirche kein «dominieren» geben kann, sondern der Geist des Austausches überall präsent ist.[18] Hätte Paulus tatsächlich gewollt, dass der Mann über die Frau herrscht, hätte er, der die griechische Sprache sehr gut beherrschte, das Wort «archeon» verwendet. Das nämlich bedeutet Herrscher, Regierender, Machthaber. Doch Paulus verwendete ein anderes Wort. «Haupt» wurde in der Zeit, in der Paulus schrieb, bildlich in der Bedeutung von Quelle oder Ursprung, aber nicht im Sinne von Herrscher benutzt. Der Mann hat somit nicht die Autorität über die Frau, sondern ist ihre Quelle – ein Motiv, das an den Schöpfungsbericht erinnert. Heute ist die Frau vielmehr die Quelle des Mannes bzw. des menschlichen Lebens. Paulus richtet sich hier gegen gnostische (sektierische) Gruppierungen*, die das Weibliche als die ursprüngliche Quelle in der Schöpfung ansahen. Also nicht aus Adam wurde Eva geformt, sondern Adam entsprang aus Eva. Paulus grenzt sich deutlich von solchen Lehren ab, indem er auf die Erschaffung der Frau aus dem Mann verweist. Doch Paulus ist sich auch bewusst, dass in der Schöpfung Mann und Frau die gleiche Autorität, den gleichen Segen und die gleiche Beziehung zu Gott erhalten haben.

Indem Paulus den Männern in 1 Kor 11,4 sagt, sie müssen keine Kopfbedeckung (Gebetsmantel oder Kippa) tragen, betont er das Neuwerden in Christus. Der Mensch steckt nicht länger in Sünde, er ist schon in Gerechtigkeit eingekleidet. Die Kopfbedeckung entehrt den Mann.

Paulus relativiert die gängige Vorstellung von der patriarchalischen Auffassung (er hebt sie nicht auf!), indem er in 1 Kor 11, 11-12 schreibt: «Doch im Herrn gibt es weder die Frau ohne den Mann noch den Mann ohne die Frau. Denn wie die Frau vom Mann stammt, so kommt der Mann durch die Frau zur Welt; alles aber stammt von Gott.» Obwohl nur von der Frau gesagt wird, sie solle ihren Kopf bedecken, treten Mann und Frau parallel auf. Darin zeigt sich, dass es sich hier um eine formale Gleichbehandlung von Mann und Frau handelt.[19]

Christus ist das Haupt jedes Mannes (und jeder Frau). Die Frauen konnten selbst entscheiden, ob sie eine Kopfbedeckung tragen wollten oder nicht. Und auch die Frau muss ihre Gottesbeziehung nicht weiter über ihren Ehemann definieren. Sie hat direkten Zugang zu Gott. «Ihr seid durch Christus vom Fluch befreit» (vgl. Gal 3,13). Doch in Korinth (und in der orientalischen Welt) war die Verschleierung der Frau eine soziale Gewohnheit, kein religiöser Brauch. Der babylonische Talmud – der jüdische Kommentar über das mosaische Gesetz – sieht im Sprechen der Frau in der Öffentlichkeit einen Scheidungsgrund, und der Jerusalemer Talmud* spricht von einer vollständigen Verschleierung des weiblichen Körpers. Schon allein, wenn eine Zehe hervorschaute, konnte sich der Mann von der Frau scheiden lassen. Im ganzen Osten war dieses Denken über den Schleier verbreitet. Einzig Prostituierte gingen ohne Schleier auf die Straße. Die Kopfbedeckung galt als ein Zeichen der Treue dem Ehemann gegenüber. Die Haare einer Frau galten als ihre Herrlichkeit und Ehre. Umso schlimmer, wenn sie untreu wurde und ihr Ehemann ihr daraufhin die Haare abschneiden konnte. Sie durfte ihr Haupt nicht bedecken. Als Frau keine Haare zu besitzen, galt als ein ebenso großes Unheil wie offenes Haar zu tragen.

Zu sagen, Paulus wollte, dass Frauen schweigen sollen und sich dabei verhüllen müssen, ist zu einfach. Ihm war es wichtig, dass in den Gemeinden alles ordentlich ablief und die Botschaft Jesu Christi nicht zu kurz kam. Auch Paulus wusste, dass, wenn man gehört und angenommen werden will, man sich zuweilen in einem gewissen Grad anpassen muss. Glücklicherweise haben sich die Frauen bis heute nicht allzu sehr von diesem Vers irritieren lassen und haben weiterhin ihre Stimme erhoben, denn: «Stellt euch vor, die Frauen hätten in den Kirchen Schweigen bewahrt.» (Märta Wilhelmsson).[20]

Gottgewollte Unterordnung der Frau? (Eph 5,22)

Oftmals wird Eph 5,22 «Ihr Frauen, ordnet euch euren Männern unter wie dem Herrn (Christus)» mit der verpflichtenden Unterordnung der Frau unter den Mann beschrieben, so wie die Männer sich Christus unterzuordnen haben. Zusammen mit dem Vers 23 «der Mann ist das Haupt der Frau» wurde dann eine Unterordnungs-Lehre entwickelt, welche die Frau fortan als ein untergeordnetes Wesen betrachtete. Daraus wird auch immer gerne ein «gottgewollter» Patriarchalismus begründet.

In Eph 5,22-23 geht es nicht um eine einseitige Unterordnung, sondern um eine gegenseitige Unterordnung in Liebe, im Hören aufeinander und im Sorgen füreinander. Die neutestamentliche Unterordnung ist eine liebende Reaktion auf die Liebe, die zuvor geschenkt wurde (Eph 5,25). In Ephesus, das in Kleinasien liegt, herrschte eine weiblich dominierte Kultur vor, in der sich die Frauen in den christlichen Gemeinden erst einmal einfinden mussten. Auch sie mussten sich «zügeln», nicht die Männer beherrschen zu wollen. Deshalb ermahnt Paulus jene. Diese Unterordnung und Ermahnung der Ehefrauen finden sich nur in Briefen an kleinasiatische Gemeinden, nur dort, wo es eine von Frauen dominierte Religion und Kultur gab (vgl. auch 1 Kor 11). Paulus greift auf die gegenseitige Unterordnung für alle zurück, auch in der Beziehung einer Frau zu ihrem Ehemann in einer matriarchalen Gesellschaft. Die Frauen waren daran gewohnt, den Ton anzugeben, und mussten erst lernen, dass auch sie das andere Geschlecht nicht «beherrschen» dürfen.

So ging es Paulus nicht darum, dass die Ehefrau sich dem Mann unterordnet. Es ging ihm vielmehr darum, dass der Ehemann seine Frau befähigt und unterstützt, damit sie alles machen kann, was dem Willen Gottes entspricht. Genauso ist Christus derjenige, der die Gemeinde befähigt, erbaut, ermutigt und unterstützt.

Biblische Vertreibung der Frau aus Ämtern (1 Tim 2,8-15)

Federführend für die Verdrängung der Frauen in den häuslichen Kontext waren die Pastoralbriefe. Diese sind maßgeblich dafür verantwortlich, dass Frauen ihren Platz als Amtsträgerinnen räumen mussten. Die Pastoralbriefe (1 Tim, 2 Tim und Tit), die zwischen 70 und 100 nach Christus entstanden, sind von anonymen Autoren unter dem Namen des Paulus geschrieben worden, aber stammen nicht von ihm. Die dort genannte Lehre ist das komplette Gegenteil dessen, was Paulus in seinen Gemeinden als selbstverständlich praktizierte: Frauen, die lehrten. Die aktive Teilnahme von Frauen in den christlichen Gemeinden wurde mehr und mehr als Gefährdung der staatlichen (patriarchalen) Ordnung angesehen. Und da die Wiederkunft Christi auf sich warten ließ, wuchs der Druck auf die christlichen Gemeinden, sich der Gesellschaft anzupassen. So musste sich die Stellung der Frauen zwangsläufig ändern, und es wurde Abschied genommen von der Gleichheit der Geschlechter.

In 1 Tim 2,8-15 wird die Frau als Urheberin der Sünde bezeichnet, die in der Schöpfungsordnung nur auf Platz zwei steht. Der Autor dieses Briefes bedient sich der Autorität des Apostels Paulus, um dieser Diskriminierung der Frau Ausdruck zu verleihen. Er wettert dabei gegen die Frauen als Amtsträgerinnen in den frühchristlichen Gemeinden und versucht, ihren Einfluss zu begrenzen. Die Begründung für die Unterordnung der Frau entnimmt er außerbiblischen, apokryphen Schriften* und stuft sie durch patriarchale Ansichten in ihrer Bedeutung herab.

Aus dem antiken Haushalt wurden «Haustafeln» übernommen, die den Hausvater in den Mittelpunkt rückten. Dieser hatte Gewalt und Macht über sein Haus. Zwar wird dieser ermahnt, zu lieben und gerecht zu handeln, dennoch lässt sich hier ein deutliches Ungleichgewicht erkennen. Diese Haltung wurde theologisch mehr und mehr mit dem Schöpfungsbericht begründet.

Gleichheit der Geschlechter – in der Schöpfung angelegt

Die Bibel kennt zwei Schöpfungsberichte. Noch heute wird der zweite Schöpfungsbericht aus dem Alten Testament herangezogen, um die Unterordnung oder wenigstens die Andersartigkeit der Frau zu begründen. In Gen 2, 18 entschließt sich Gott, dem Menschen (hebr. adam) eine «geeignete/entsprechendende/zu ihm passende» «Hilfe» zu machen. Das Wort «Hilfe» (hebr. ezer) ist im Alten Testament nicht als eine untergeordnete Hilfe bezeugt, sondern es handelt sich vielmehr um eine übergeordnete Hilfe in den alttestamentlichen Bräuchen. Eva ist keine Ergänzung oder ein Nachgedanke Gottes, sondern die Frau wird dem Mann ein Gegenüber. Die Frau ist das exakte Gegenstück zum Mann; sie befreit den Menschen aus dem Zustand der Unvollkommenheit. Der zweite Mensch wird nicht einfach neu gemacht oder verdoppelt, sondern durch das Nehmen eines Teiles vom ersten Menschen wird daraus schließlich Mann und Frau. Gott will damit die Zusammengehörigkeit und die Gleichursprünglichkeit verdeutlichen.

Denn der Mensch, also *adam*, erkennt sich erst als Mann, also *isch*, als die Frau, die *ischa*, da ist. Ohne die Frau, also die *ischa*, wäre der Mann, der *isch*, einfach nur *adam*, also Mensch. Er könnte sich zu niemandem abgrenzen.

Im ersten Schöpfungsbericht, in Genesis 1,26 spricht Gott: «Lasst uns Menschen machen.» Hier zeigt sich, dass Gott die menschliche Gattung bereits im Geist schuf. Also weiblich und männlich zur selben Zeit. Im zweiten Schöpfungsbericht der Bibel geht es um die konkrete Erschaffung des geschlechtlichen Menschen. Hätte Gott nicht beabsichtigt, Mann und Frau gleichzeitig zu erschaffen, hätte er den ersten Menschen geschlechtslos machen können. Doch um dem ersten Menschen die Sehnsucht nach Liebe lernen zu lassen, schuf Gott die körperliche Frau (die geistige gab es bereits) erst später, damit der erste Mensch sich ganz an den zweiten Mensch hängt (vgl. Gen 2,24).

Die Erzählung von der Erschaffung der Frau zeigt auf, dass auch die Frau durch das Wirken Gottes entstanden und dem Mann gleichwertig ist. Erst im Zusammenspiel der beiden Menschen verwirklicht sich das Menschsein vollkommen. Gott schuf Mann und Frau in gleicher Weise. Beide sind Bilder Gottes und haben denselben Herrschaftsauftrag. Beide sind gesegnet. Und beide sollen fruchtbar sein.

Jeder Mensch wird als Ebenbild Gottes angesehen. Daraus resultiert die personale Würde jedes einzelnen. Dieser Würde entspringen grundlegende, unveräußerliche Rechte, die allen Menschen gleichermaßen zukommen. Die beiden Schöpfungsberichte im Alten Testament bezeugen eine fundamentale Gleichheit von Mann und Frau. Schöpfungsmythen des Vorderen Orients kennen keine vergleichbare Erzählung, die die Wesensgleichheit von Mann und Frau in dieser Weise betont.

Und doch: Unter dem Einfluss von männerzentrierten Vorstellungen wurde aus der Gleichheit der Geschlechter schnell eine Unterordnung der Frau unter den Mann. Die Frau wurde nur als «Anhängsel» des Mannes gesehen, die lediglich Helferin ist. Im alttestamentlichen Buch Jesus Sirach sehen wir, dass alle möglichen schlechten Eigenschaften der Frau zugesprochen wurden: «Aus einer Frau kommt Bosheit hervor, ebenso wie aus einem Kleidungsstück Motten. Selbst die Schlechtigkeit eines Mannes ist immer noch besser als die Güte einer Frau, und eine schändliche Frau bringt ihren Mann in Schande» (Sir 42,13f.).

Aber es gibt auch eine Auslegungstradition, die von einer Zweigeschlechtlichkeit spricht. So schreibt der Prophet Joel (Joel 3,1-4): «Danach aber wird es geschehen, dass ich meinen Geist ausgieße über alles Fleisch. Eure Söhne und Töchter werden Propheten sein, eure Alten werden Träume haben und eure jungen Männer haben Visionen. Auch über Knechte und Mägde werde ich meinen Geist ausgießen in jenen Tagen.» Dieses Zitat finden wir im Neuen Testament erneut. Der Apostel Petrus bedient sich dieses Ausspruches in der Pfingstpredigt, in der allen Menschen der Heilige Geist zugesprochen wird. Bereits der Prophet Jeremia sieht die patriarchalen Rollenzuweisungen als überholt an: Denn «etwas Neues erschafft der Herr im Land: Die Frau wird den Mann umgeben.» (Jer 31, 22)

In der jüdischen Kultur zur Zeit des Wirkens Jesu finden sich diese Ansichten der Unterordnung und der Gleichheit der Geschlechter zeitgleich. Dennoch: Der Alltag der damaligen Zeit war patriarchal strukturiert und brachte eine Minderstellung der Frau mit sich.

Die kulturell bedingte Unterdrückung der Frau prägte, und das vorchristliche Menschenbild ist selbst heute noch Grund dafür, weshalb es in der römisch-katholischen Kirche bislang keine Priesterinnen gibt.

Zwar wird heute die Unterordnung der Frau kaum mehr schöpfungstheologisch begründet, aber doch steckt noch in manchen Köpfen, dass die Frau, weil sie als zweites geschaffen wurde, nicht geschaffen und nicht befähigt für bestimmte Dienste in der Kirche sei. Auch ist immer wieder zu hören, dass der Mann in der Rangordnung der Schöpfung eben ganz oben stehe. Diese Ansicht ist in sich nicht schlüssig, ja geradezu abstrus. Falls dies stimmen würde, dass das, was zuerst geschaffen (Mann) wurde, Autorität und Herrschaft über das ausübt, was als nächstes (Frau) geschaffen wurde, so würden selbst die Tiere Autorität über den Menschen besitzen ...

3. Kapitel

Die Kehrtwende bei Tertullian

Tertullian lebte im 2. Jahrhundert nach Christus. Ihn trieb die Sehnsucht um, wieder zum Goldenen Zeitalter zurückzukehren. Dabei dachte er natürlich nicht an den Gleichheitsgedanken Jesu und in den paulinischen Gemeinden, sondern vielmehr an die Geschlechterideologie des Römischen Reiches. So ist es nicht verwunderlich, dass Kirchenvater Tertullian gegen Frauen im kirchlichen Amt protestiert. Indem er sagt, die Kirche müsse Frauen vom Priesteramt ausschließen, gibt er ja offensichtlich zu, dass es Frauen gab, die priesterliche Funktionen ausübten. Für ihn ist ein weibliches Priestertum heidnischen Ursprungs und entspricht nicht der Natur. Er beschwerte sich darüber, dass Frauen «frech» waren, «lehrten» und sogar «tauften». Für ihn stand fest: Die Frau hat im öffentlichen Raum nichts zu suchen. Ihr angemessener Platz ist im Privaten. Dies zeigt deutlich, wie sehr sein Denken in der römischen Gesellschaft verwurzelt war. Dabei bediente er sich der römischen Vorstellung, dass nur dazu legitimierte Vollbürger ein Staatsamt ausüben dürfen. Die Frau, da sie sich im Privaten aufzuhalten hat, kann kein Amt bekleiden. Und da die Frau im Staat kein Amt wahrnehmen kann, könne sie es auch nicht in der Kirche. Mit dieser Lehre, dass Ämter «männlich» seien und nur Vollbürger das Recht zur Amtsausübung haben, die Frau aber keines besitzt, beeinflusste Tertullian das westliche Christentum enorm – zum Nachteil der Frau.

Die Frau ist Gott aufgrund ihrer Sexualität fern – Augustinus

Die Anthropologie des Augustinus ist von einem dualistischen Menschenbild geprägt.[21] Geistig stehen Mann und Frau auf gleicher Ebene und beide sind Ebenbilder Gottes. Hinsichtlich des körperlichen Zustandes ist die Frau dem Mann untergeordnet. Und nur der Mann ist fähig, Gott zu betrachten. Ausgangspunkt der Unterordnung der Frau ist ihre gesellschaftliche Stellung, die von Augustinus als (gott-)gewollte Schöpfungsordnung anerkannt wird.

Augustinus legitimiert die Sklaverei naturrechtlich und sieht Geistesschwäche und Minderwertigkeit als naturbedingte Kriterien der Frau an. Aus Genesis 2 leitet Augustinus eine hierarchische Ordnung ab und verknüpft damit die Überordnung des Mannes über der Frau mit der Unterordnung des Leibes unter die Seele.[22] So liegt es in der Schöpfungsordnung, wenn das Niedrige (die Frau) dem Höheren (dem Mann) dient. Schließlich sage ja schon das Buch Genesis, dass Gott dem Mann eine «Hilfe» zugeordnet habe. Um die physische und soziale Unterordnung der Frau zu erklären, greift Augustinus auf Eva zurück, die – als sie Adam «verführte» – zur «Dienerin» ihres Mannes wurde. Augustinus setzt die Frau mit Sexualität und Körperlichkeit gleich. Dies führte zu einer Kluft zwischen dem Göttlichen und der Frau, die nunmehr lediglich über ihre Sexualität definiert wurde. Die Frau steht für das Fleisch, der Mann vertritt den Geist. Das hatte zur Folge, dass die Frau dem Mann untergeordnet und von Gott entfernt war.[23]

Der weibliche Körper spiegelt einzig die Sexualität wider, und der Mann ist hingegen das Abbild Gottes. Dieses veraltete, verkrustete und längst überholte Denken findet sich noch heute in den lehramtlichen Schriften. In der Erklärung zur Frage der Zulassung von Frauen zum Priesteramt *Inter Insigniores* aus dem Jahr 1976 wird gesagt, dass nur der männliche Körper Jesus Christus repräsentieren könne. Schließlich repräsentiere Christus Gott durch seine Männlichkeit. Eine Frau könne Gott nicht repräsentieren, weil sie die Leiblichkeit vertrete. Deswegen könne sie auch nicht zur Priesterin geweiht werden, weil sie mit ihrem Körper nur die Sexualität repräsentiere und nicht Gott.

Die Frau, ein «misslungener Mann» – Thomas von Aquin

Die scholastische* Vorstellung besagt, dass die Seele einerseits unabhängig ist, also auch unabhängig vom Geschlecht; da sie aber zugleich auch notwendig für das jeweilige Leben und wesenhaft mit dem Körper verbunden ist, ist sie automatisch auch dem Geschlecht beigefügt.

Mit Hilfe einer kruden Temperaturlehre werden dem Mann nun die Elemente Luft und Feuer zugeordnet, was ihm die Eigenschaft «Hitze» und «Trockenheit» verleiht. Hingegen wird die Frau den Elementen Wasser und Erde zugeordnet. Aus ihren schlechteren Eigenschaften «Kälte» und «Feuchtigkeit» leitet Thomas von Aquin ab, dass die Frau ein «unvollkommener, misslungener Mann» sei. Das führt auch dazu, dass sie in ihren intellektuellen und moralischen Fähigkeiten unter dem Mann zu stehen hat. Denn die Seele könne sich in einem männlichen Körper besser entfalten.

Das Menschenbild des Thomas von Aquin folgt der aristotelischen Philosophie und sieht den Mann als vollkommenen Menschen an, die Frau hingegen nur in abgeleiteter Form.

«Hinsichtlich der einzelnen Natur ist die Frau ein mangelhaftes und hinfälliges Wesen. Denn die aktive Kraft im Mannessamen strebt danach, etwas ihr ähnlich Vollkommenes hervorzubringen, dem männlichen Geschlecht entsprechend. Dass aber eine Frau gezeugt wird, geschieht wegen der Schwäche der aktiven Kraft oder wegen einer Indisposition der Materie oder auch wegen einer von außen kommenden Veränderung, z.B. von den schwülen Südwinden.»[24]

Bei Thomas von Aquin steht das weibliche Wesen in der Schöpfungsordnung hinter dem Mann. Die Frau nimmt nur in reduzierter Form an der Gottesebenbildlichkeit teil, zumal bei Thomas die völlig veraltete und obendrein verkehrte biologische Vorstellung vorherrscht, dass nur der Mann zum neuen Leben beitrüge, die Frau jedoch lediglich «Ausführungsorgan» sei – eine Vorstellung, die er mit zahlreichen theologischen Argumenten zu untermauern versucht.

Seine Auffassungen über das Wesen der Frau zogen besonders negative Folgen nach sich, die gravierender nicht sein konnten. Der Frau wurde fortan eine dreifache Minderwertigkeit zugesprochen: Eine Minderwertigkeit im Werden, im Sein und in der Tätigkeit. Kurz gesagt: Die Frau ist rundum minderwertig!

Aufgrund ihrer Minderwertigkeit und Unterordnung sei – so argumentiert Thomas – die Frau selbstredend nicht fähig, die Priesterweihe zu empfangen. Gleichzeitig betont er, dass das männliche Geschlecht (natur-)notwendige Voraussetzung für den Weihekandidaten sei.

Indirekt sagt Thomas von Aquin, dass die Weihe einer Frau an dieser «abperlt», weil sie nicht die Fähigkeit in sich trage, dieses Amt auszuüben. Man sollte eigentlich meinen, diese Gedanken passen nicht mehr in unsere Zeit. Aber diese reichlich sonderbare völlig überholte Ansicht muss ich mir auch heute noch gelegentlich anhören. Mir hat schon jemand gesagt, dass man mich zwar weihen könnte, die Priesterweihe aber an mir abperlen würde, da ich eine Frau sei. Zudem sei ich als Frau einfach nicht «fähig und dafür geschaffen», dieses Sakrament zu empfangen.

Bei der Argumentation von Thomas spielen Machtgedanken eine zentrale Rolle. Denn jemand, der untergeordnet ist, kann nicht leiten. Die Frau ist aufgrund ihrer Minderwertigkeit unfähig, eine herausragende Stellung oder Führungsposition einzunehmen. Heutige Frauen in genau solchen Positionen beweisen aber das Gegenteil und widerlegen die Argumentationslogik von Thomas. Dies sollte eigentlich ein Argument für das Frauenpriestertum sein, da es sich in der Gesellschaft ja Tag für Tag und deshalb hinlänglich bewiesen hat, dass Frauen herausragende Leistungen zu erbringen vermögen und deshalb zu höheren Ämtern fähig sind. Abgesehen davon geht die Kirche heute kaum mehr von der Unterordnung der Frau aus. Wenn also gegen das Frauenpriestertum argumentiert wird, dürfen – zumindest in diesem Bereich – Theologien wie jene von Thomas von Aquin nicht (mehr) herangezogen werden, da Thomas im Mann die Norm sieht, in der Frau jedoch nur einen «verunglückten» Mann, die sich vom Mann her zu definieren hat.

Bis heute wird die Frau als «andersartig» betrachtet und somit in einem untergeordneten, benachteiligten und minderberechtigten Status gefangen gehalten. Thomas von Aquin und viele weitere Kirchenlehrer haben uns ein Erbe dieses Denkens hinterlassen, so dass bis heute die Minderwertigkeit der Frau unter dem Deckmantel der «Andersartigkeit» aufrechterhalten wird. Allerdings wird immer wieder beteuert, dass der Ausschluss der Frau von der Weihe keine Diskriminierung sei. Dieses Argument besticht jedoch in keiner Art und Weise, weil die Frau aufgrund ihres niedrigen Status als «nicht fähig» gilt, die Weihe zu erhalten, und weil sie einer anderen Natur bezichtigt wird, die sie automatisch unfähig mache, zur Priesterin geweiht zu werden.

Es gab noch nie Priesterinnen. Wirklich?

Schon oft kam mir die Aussage «Es gab noch nie Priesterinnen in der katholischen Kirche» zu Ohren, und weiter wird mir dann vorgeworfen: «Warum setzt du dich dann überhaupt dafür ein? Das ist doch eine

Frechheit.» Der erste Satz stimmt nicht. So verliert auch der Nachsatz an Bedeutung. Dies berechtigt mich dazu, für Frauenpriesterinnen aufzustehen und meine Stimme zu erheben.

Der Ausschluss der Frau von der Weihe wurde in der Kirchengeschichte denn auch nie theologisch begründet, sondern nur als «nicht sittsam» beschrieben. Im Jahr 325 hing die Rolle der Frau in der Schwebe. Das Konzil von Nicäa beschloss, dass Frauen nicht geweiht werden sollten, und wenige Jahre später, 352, verbot auch das Konzil von Laodicaea, dass Frauen als Priesterinnen oder als Kirchenvorsitzende dienen. Dies zeigt aber, dass Frauen in der Frühkirche in der Lage gewesen waren, priesterliche Amtshandlungen auszuüben. Und dennoch kennt die Kirchengeschichte Priesterinnen. So schrieb Papst Gelasius 494 in einem Brief an die Bischöfe von Lucania, Bruttium und Sicilia, dass Frauen nicht in Führungspositionen der Kirche berufen werden dürfen. In diesem Schreiben beschäftigte er sich mit dem Problem des Frauenpriestertums. So heißt es in dem Brief von Papst Gelasius, der davon gehört hat, dass das Spenden der Sakramente und der liturgischen Dienste an Frauen übergeben wurde: «Dennoch haben wir zu unserem Ärger gehört, dass göttliche Angelegenheiten zu solch einem niedrigen Stand gekommen sind, dass Frauen ermutigt werden, an den heiligen Altären zu amtieren und an allen den Ämtern des männlichen Geschlechts zugeschriebenen Angelegenheiten teilzunehmen, zu welchen sie ja nicht gehören.» Dieser Brief über das Vorhandensein von Frauen als Priesterinnen ist natürlich nur ein Einzelnachweis, dennoch heißt dies nicht, dass das Phänomen des Frauenpriestertums nicht auch in anderen Regionen verbreitet war; denn wäre dies wirklich nur ein süditalienisches Phänomen gewesen, warum schrieb der Papst dann nicht nur an die Bischöfe der Region, sondern auch noch an weitere Regionen?

Es gab im 5. Jahrhundert also Frauen, die von Bischöfen zu Priesterinnen geweiht wurden. Auch wenn die Frage des Frauenpriestertums in der Kirchengeschichte nur wenig gestellt worden ist, zeigt sich aufgrund der Behandlung dieses Themas sowohl von christlichen Autoren als auch von lehramtlichen Dokumenten, dass es mehr Frauenpriester gab, als in den entsprechenden historischen Quellen belegt ist. Wenn das Bedürfnis nach Frauen als Priesterinnen nicht da war bzw. wenn es keine Priesterinnen gab, warum sollten sich dann Päpste und christliche Autoren damit beschäftigen? Würden sie nicht vielmehr Menschen mit dieser Fragestellung aufrütteln und somit vielleicht zur Erkenntnis führen, dass Frauen im priesterlichen Amt notwendig sind?

Ein Grabstein aus dem 4. Jahrhundert in Süditalien belegt, dass es dort eine christliche Priesterin namens Leta gab. Archäologische Inschriften und historische Aufzeichnungen zeigen uns ein Bild von Frauen in Führungspositionen und als Amtsträgerinnen. Ein Mosaik aus dem 9. Jahrhundert in der Zeno-Kapelle, die sich in der Nähe von Santa Maria Maggiore in Rom befindet, zeigt das Bild einer Frau mit dem Namen Theodora. Sie wird betitelt als «Theodora episcopa» (Bischöfin Theodora). Es wurde versucht das «a» von Theodora wegzukratzen, damit es eine männliche Form wird. Doch der biblische Beweis des Mosaiks und auch die weibliche Endung der Grammatik (sowohl Theodora als auch episcopa) zeigen, dass es eine Bischöfin namens Theodora gab.[25] Ebenfalls bezeugen Begräbnisstätten auf der griechischen Insel Thea eine Priesterin namens Epiktas.

Gerne wird als Argument vorgebracht, dass es sich dabei um häretische Gruppierungen gehandelt haben muss, da nur die Häretiker Frauenpriesterinnen kannten. Diese Gruppierungen wurden allerdings nicht als Häretiker verurteilt, weil sie Priesterinnen hatten, sondern aufgrund von Irrlehren.

In Irland gab es bis ins 7. Jahrhundert Frauenpriester und auch Bischöfinnen in der Kirche. Frauen hatten in Irland bis ins 7. Jahrhundert gleiche Rechte wie die Männer. Das Rechtssystem schrieb der Frau eine einzigartige Stellung zu. Dieses moderne Recht wurde auch von der irischen Kirche übernommen und wirkte sich positiv auf die Amtsausübung der Frau aus.

Oft höre ich auch, dass die Förderung der Frau am Altar ja ein modernes Phänomen sei. Nur weil es in der Gesellschaft eine Gleichheit der Geschlechter gebe, würden nun – so wird argumentiert – Frauen den in der Kirche herrschenden Patriarchalismus in Frage stellen. Das stimmt nicht ganz. «Das Buch von der Stadt der Frauen» – 1405 erschienen – zeigt, dass bereits im Mittelalter der Patriarchalismus stark kritisiert wurde. Christine de Pizan sieht in der Frau Maria die Begründerin der Frauenwürde. Aufgrund dieser einen Frau sei die Frau schlechthin aller Männerehren wert. Das ziehe auch eine Gleichbehandlung der Geschlechter nach sich.[26]

Exkurs: Ordination der Frau – ein Dienst an der Menschheit

Es war Weihnachten 1970, als sich in der damaligen Tschechoslowakei, die von einem totalitären kommunistischen Regime beherrscht wurde, die Verborgene Kirche zu einer Pastoralsynode traf. Es wurde darüber beraten, ob Frauen die Priesterweihe gespendet werden soll. Wenige Tage später wurde die Generalvikarin von Bischof Felix Maria Davídek, Ludmila Javorová, zur Priesterin geweiht. Bischof Felix M. Davidek und die Gemeinschaft Koinótés überlegten sich, ob es in Zeiten der Verfolgung und Unterdrückung wirklich von Bedeutung ist, ob die Eucharistie von einem verheirateten oder einem unverheirateten Mann oder gar von einer Frau gefeiert und gespendet wird. Oder geht es dabei nicht vielmehr um den Auftrag Jesu? Bischof Davídek hatte prophetische Visionen, ihm lagen die Kirche und die Weitergabe des Evangeliums mehr am Herzen als Gesetze. So brachte ihn unter anderem die pastorale Not dazu, auch Frauen die Priesterweihe zu spenden. Viele Frauen – darunter auch etliche Ordensfrauen – saßen in Gefängnissen ein. Diese erhielten keinerlei seelsorgerische oder sakramentale Hilfe. Da auch diese ein Anrecht auf die Heils- und Stärkungsmittel der Kirche hatten, schickte man Priesterinnen in die Frauengefängnisse. Es war ein Dienst an der Gemeinschaft, denn das Heil der Menschen ist das oberste Gebot. So hielt sich Davídek an seinen Leitspruch: «Das Leben (des Glaubens und der Kirche) hat Vorrecht vor dem Kodex, die Ordnung des Handelns vor der Ordnung von Regeln und gesetzlichen Bestimmungen.» Ebenso: «Das Kirchenrecht darf nicht das Gesetz Gottes verletzen. Das Leben hat Vorrang vor dem Kodex.» Für ihn war die Weihe von Frauen eine Frage des Kairos*, ein wirkliches Bedürfnis der Zeit und ein Aufbruch zu neuen Ufern. Bischof Davídek sah keine dogmatische Gründe, dass Frauen nicht Priesterinnen werden konnten, und war davon überzeugt, dass die Weihe der Frau die Menschheit der Parusie* näher bringen würde.

Die Weihe von verheirateten Männern und Frauen war ein Stein des Anstoßes für den Vatikan. Es wurde von Seiten der Amtskirche kein Dialog mit der Verborgenen Kirche gesucht. Vielmehr wurden Priester und Bischöfe dazu gedrängt, die Weihen *sub conditione* (unter der Bedingung ihrer Ungültigkeit) wiederholen zu lassen. Verheiratete Priester wurden aufgefordert, ihr Amt niederzulegen. Und die Weihen der Frauen wurden als ungültig und unerlaubt abgetan. So auch jene von Ludmila Javorová, die als Priesterin ihr Leben für das Evangelium einsetzte. Soweit bekannt ist, wurden in der ehemaligen Tschechoslowakei sieben Frauen zu Priesterinnen geweiht.[27]

Exkurs: Und sie wurden doch geweiht ...

Obwohl die katholische Kirche die Priesterweihe (oder Ordination) für Frauen nicht erlaubt und offiziell sagt, es habe nie Priesterinnen in der Kirche gegeben, gibt es seit mehreren Jahren römisch-katholische Priesterinnen. Einige Frauen wollten den jahrhundertelangen Ausschluss der Frau von Weiheämtern – inspiriert auch durch das Handeln von Felix M. Davídek, Bischof der tschechischen Untergrundkirche – nicht länger mit ansehen und setzten ein prophetisches Zeichen: So ließen sich sieben Frauen im Jahr 2002 auf einem Donauschiff von einem katholischen Bischof zu Priesterinnen weihen. Da die Weihe contra legem* war, wurden alle exkommuniziert, weil die Amtskirche die Weihe von Frauen nach can. 1024 CIC für ungültig erklärt (nicht rechtens hält). Die Frauen stellten dagegen klar, dass man Gott mehr gehorchen müsse als den Menschen (Apg 5,29). Sie ließen sich weihen, um ihrer Berufung zu folgen und um ein deutliches Signal gegen das erstarrte Amtsverständnis der römisch-katholischen Kirche und «ein Zeichen gegen den sexistischen Kanon der katholischen Kirche» (Ida Raming) zu setzen. Seither ist es nicht bei diesem «Einzelfall» geblieben. Weltweit gibt es bereits 225 geweihte Amtsträgerinnen, Priesterinnen und einige Diakoninnen (Stand: Mai 2016), darunter auch Bischöfinnen.

Die Priesterinnenweihe wurde von der Amtskirche als «Skandal» eingestuft. Doch ist es nicht vielmehr ein Skandal, dass es keine hinreichende biblisch-theologische Gründe für den Ausschluss der Frau von Weiheämtern gibt und der Ausschluss der Frau von Weiheämtern dennoch aufrechterhalten wird?

4. Kapitel

Soziallehre und die Frauenfrage

Die kirchliche Soziallehre ist wichtiger Bestandteil der christlichen Lehre. Sie geht vom einzelnen Menschen und seinem «Sollverhalten» aus und betont die Menschenwürde als fundamentalen Grundwert. Sie erkennt stehende Werte an, die aus dem Wesen des Menschseins herrühren und daher zum unantastbaren Wert einer menschlichen Person gehören.

Papst Leo XIII. war der Begründer der modernen päpstlichen Sozialverkündigung (*Rerum novarum*, 1891), die später durch die Aussagen Papst Pius XII. über die katholische Soziallehre weichenstellend für die Friedenstheologie von Papst Johannes XXIII. wurde.

Durch das Rundschreiben *Mit brennender Sorge* vom 14. März 1937 von Papst Pius XI. fand das menschenrechtliche Denken in die kirchliche Soziallehre Eingang. Es war der Anfang der Übernahme menschenrechtlichen Denkens. So heißt es in *Mit brennender Sorge* Nr. 35: «Menschliche Gesetze, die mit dem Naturrecht in unlösbarem Widerspruch stehen, kranken an einem Geburtsfehler, den kein Zwangsmittel, keine äußere Machtentfaltung sanieren kann. Mit diesem Maßstabe muss auch der Grundsatz: ‚Recht ist, was dem Volke nützt' gemessen werden.»

Papst Pius XII. griff auf die menschenrechtlichen Ideen zurück, ohne dabei das Individuum nur von der Gemeinschaft her zu sehen. Er spricht in einer Ansprache vom 20. Mai 1948 in Bezug auf das Privateigentum von der «persönlichen Würde des Menschen» und der «Anerkennung der unveräußerlichen Rechte und Pflichten». So erklärte Papst Pius XII., dass die Grundrechte der Person zum «Kostbarsten im

Gemeinwohl» gehören. Auch wenn dies nicht unmittelbar zur Herausbildung eines Menschenrechtskonzepts führte, ging das Konzept Pius XII. der katholischen Soziallehre der Menschenrechtserklärung der Vereinten Nationen (1948) voraus. Papst Johannes XXIII. reihte sich mit der Sozialenzyklika *Mater et magistra* (1961) in dieses Menschenrechtsdenken ein, das in der Pastoralkonstitution *Gaudium et spes* durch die Bezeichnung «Würde der menschlichen Person» einen weiteren, vorläufigen Höhepunkt fand.[28]

Die Soziallehre der Kirche ist ein unentbehrlicher Fundort, um Werte und die *Zeichen der Zeit* zu entdecken. Die kirchliche Soziallehre ordnet sich auf den Menschen als Person hin. Die menschliche Person ist dabei ihr Maßstab.

Die Anerkennung der Menschenrechte in *Pacem in terris* (1963)

Bis zum Zweiten Vatikanischen Konzil (1962–1965) wurde der Frau keine sonderlich große Aufmerksamkeit in der Kirche geschenkt. Sie wurde – wie auch der Mann, der kein Priester wurde – als passives Objekt im Kirchenrecht beschrieben. Frauen mussten die anscheinend «gottgewollte» Unterordnung erdulden. Mit *Pacem in terris* änderte sich das schlagartig. Die Frauenfrage wurde zum Thema der sich seit Mitte des 19. Jahrhunderts entwickelnden katholischen Soziallehre, und es wurde fortan von «Person» oder «Mensch» gesprochen, um Mann *und* Frau anzusprechen.

So brachte das Zweite Vatikanische Konzil einen markanten Paradigmenwechsel mit sich. Aus der bis dahin geltenden klerikal-hierarchischen Ekklesiologie* entsprang eine neue Ekklesiologie, die eine Neubetrachtung des Bildes der Glaubenden als wanderndes Volk Gottes mit sich brachte. Die Lehre vom gemeinsamen Priestertum aller

Gläubigen und das Leitbild einer *Communio* in Gleichheit und Würde gewannen an Bedeutung. Die gemeinsame Teilhabe aller Gläubigen an den Heilsgaben und die gemeinsame Würde aller waren von nun an maßgebend für die Kirche. Und so kam auch die Frau mehr und mehr in den Blick der Theologen. Dazu heißt es in *Pacem in terris* Nr. 22: «Die Frau, die sich ihrer Menschen*würde heutzutage immer mehr bewuss*t wird, ist weit davon entfernt, sich als seelenlose Sache oder als bloßes Werkzeug einschätzen zu lassen; sie nimmt vielmehr sowohl im häuslichen Leben wie im Staat jene Rechte und Pflichten in Anspruch, die der Würde der menschlichen Person entsprechen.»

Da sich *Pacem in terris* sowohl inhaltlich als auch in ihrem Wortlaut an die *Allgemeine Erklärung der Menschenrechte* der Vereinten Nationen anlehnt und grundlegende Rechte des Menschen in sämtlichen Lebensbereichen einfordert, kann die Enzyklika als «katholische Charta der Menschenrechte»[29] bezeichnet werden. Mit diesem päpstlichen Rundschreiben fand der Durchbruch zur Anerkennung der Menschenrechte in der katholischen Kirche statt.

Als erster Papst in der Kirchengeschichte trug Johannes XXIII. mit seiner Enzyklika *Pacem in terris* zur Gleichstellung der Frau in der katholischen Kirche bei. Die Enzyklika *Pacem in terris* spricht nicht mehr von der Unterordnung der Frau unter den Mann, sondern von gleichen Rechten für Mann und Frau im privaten wie im staatlichen Bereich und von der Würde der Person, die ein *Zeichen der Zeit* sind. Papst Johannes XXIII. weiß, dass die Frau nicht mehr als «seelenlose Sache» oder «bloßes Werkzeug» (Pacem in terris Nr. 40) wahrgenommen werden darf. Diese grundsätzliche Anerkennung der Gleichberechtigung und Gleichwertigkeit von Mann und Frau fand auch im Zweiten Vatikanischen Konzil Eingang. Das frühere Leitbild des Mann-Frau-Verhältnisses wird durch die Anerkennung der Frau als Subjekt der Gesellschaft weitestgehend gesprengt und das Frausein nicht mehr einschränkend auf die Familie betrachtet.[30] Dabei wird der *Allgemeinen Erklärung der*

Menschenrechte (1948) «ein Akt von höchster Bedeutung» (Pacem in terris Nr. 75) zugesprochen.

Die volle Gleichstellung der Frau und das Diskriminierungsverbot gehören zu den allgemeinen Menschenrechten und werden in *Pacem in terris* ebenfalls genannt. Diese Anerkennung und Übernahme in ein päpstliches Rundschreiben ist ein Novum in der Geschichte der katholischen Kirche.

Die Hinwendung zu den Menschenrechten ist eine klare Absage an die neuscholastische Lehre, die oft angeführt wird, wenn etwa zur Begründung des Ausschlusses der Frau von Weiheämtern mittelalterliche Theologen wie Thomas von Aquin bedenkenlos zitiert werden.

Durch das Zweite Vatikanische Konzil – angetrieben durch *Pacem in terris* – erfuhr die Frau eine Aufwertung. In verschiedenen Konzilstexten lässt sich das erkennen. So etwa spricht die Pastoralkonstitution *Gaudium et spes Nr. 29* von einer Gleichheit von Mann und Frau und schließt die Grundrechte der Frauen aufgrund der Personenwürde mit ein. Die Gleichheit von Mann und Frau und die daraus resultierenden Menschenrechte werden in den Konzilstexten theologisch begründet – sowohl aufgrund der Schöpfungsordnung (Gottesebenbildlichkeit) als auch der Erlösungsordnung (Menschwerdung Gottes in Jesus Christus). Aus der gesetzten Ordnung Gottes wurde die Würde eines jeden Einzelnen abgeleitet.

Gleichzeitig verbietet *Gaudium et spes* Nr. 29 ausdrücklich Diskriminierungen: «Jede Form einer Diskriminierung in den gesellschaftlichen und kulturellen Grundrechten der Person, sei es wegen des Geschlechts oder der Rasse, der Farbe, der gesellschaftlichen Stellung, der Sprache oder der Religion, muss überwunden und beseitigt werden, da sie dem Plan Gottes widerspricht.»

Der Weiheausschluss der Frau ist eine Diskriminierung und ein Verstoß gegen die Menschenrechte und die Menschenwürde. Die vollkommene Gleichstellung von Mann und Frau fand im katholischen Kirchenrecht trotz dieser klaren Worte jedoch bis heute nicht statt.[31] Da die Menschenwürde von Mann und Frau unteilbar ist, kann diese nicht nur auf den weltlichen Bereich beschränkt werden. Denn in der Enzyklika *Pacem in terris* Nr. 9 heißt es auch: «Darüber hinaus haben die Menschen das unantastbare Recht, jenen Lebensstand zu wählen, den sie für gut halten, d.h. also, entweder eine Familie zu gründen, wobei in dieser Gründung Mann und Frau gleiche Rechte und Pflichten haben, oder das Priestertum oder den Ordensstand zu ergreifen (vgl. Pius XII., Weihnachtsbotschaft 1942).» So bedarf es heute mehr denn je einer Qualifizierung der «Zeichen der Zeit» in Bezug auf die Frauenemanzipation. Ohne Konkretisierungen dieser Ideen vom menschenrechtlichen Gedanken und deren Verwurzelung in der kirchlichen Soziallehre bleiben sämtliche Bemühungen über Gleichberechtigung und Gleichstellung der Frau in der Kirche erfolglos. Auch – oder gerade wegen – der starken Widerstände gegen die Gleichberechtigung der Frau in der römisch-katholischen Kirche muss der jetzige Zustand in der Kirche noch kritischer in den Blick genommen und näher untersucht werden, um auf lange Sicht Veränderungen für eine wahre Emanzipation der Frau in der Kirche zu bewirken. Denn der Ausschluss der Frau von der Weihe und damit auch der Hierarchie des kirchlichen Amtes lässt sich schwerlich vereinbaren mit der auch von der Soziallehre der Kirche anerkannten «fundamentalen Gleichheit aller Menschen». Spätestens mit Papst Johannes XXIII. und den darauffolgenden lehramtlichen Verlautbarungen ist die Soziallehre durch die Frauenfrage herausgefordert.[32] Die Kirche darf nicht in ihrer Doppelmoral (nach außen die Gleichberechtigung der Frau in Staat und Gesellschaft einfordern und im Inneren die Frauen nicht gleich behandeln) weiter verharren, sondern muss in ihrem Wirken und Handeln Vorreiterin der Gerechtigkeit und Vorbild für Kulturen und Nationen werden, um ihre Glaubwürdigkeit in dieser Welt zu stärken.

Gleiche Würde in *Lumen Gentium*

Die dogmatische Konstitution* über die Kirche *Lumen gentium* von 1964 sagt, dass aufgrund der «Wiedergeburt in Christus» alle Menschen die gleiche Würde haben (Nr. 32). Alle Menschen sind grundsätzlich zu dieser in Gott gegründeten Würde berufen.[33] Der Einsatz für die Würde und die Rechte jeder Person ist ein Kernanliegen des Evangeliums.[34]

Lumen gentium Nr. 32 hält fest, dass es «in Christus und in der Kirche keine Ungleichheit aufgrund von Rasse und Volkszugehörigkeit, sozialer Stellung oder Geschlecht» mehr gibt. Es existiert «unter allen eine wahre Gleichheit in der allen Gläubigen gemeinsamen Würde und Tätigkeit zum Aufbau des Leibes Christi». Gerade darin, dass *Lumen gentium* die Diskriminierung der Frau beklagt, zeigt sich die starke Ungleichheit der Geschlechter in der Kirche. Gäbe es keine Ungleichheit aufgrund des Geschlechts, hätte das Konzil dies nicht formulieren müssen? Durch diese fundamentale Aussage des Konzils wurde die Rechtsgleichheit, die allen Gläubigen – somit auch den Frauen – zusteht, ebenfalls im Innenbereich der Kirche festgelegt. Das Konzil hebt durch die Gleichheit aller nicht die Unterschiede der Ämter und Charismen auf. Doch die Gleichheit gründet in der Taufe, die allen gemeinsam ist.

Die Anerkennung der Menschenwürde in der Konzilserklärung *Dignitatis humanae*

Die konziliare Erklärung über die Religionsfreiheit *Dignitatis humanae* (1965) wurde zu einem Meilenstein für die Freiheit und Rechte der menschlichen Person. Ja, es war ein Wendepunkt im Denken und im Handeln der Amtskirche. Die Entwicklung vom «Recht der Wahrheit» hin zum «Recht der Person» war ein Wendepunkt in der Lehre der katholischen Kirche. Dadurch konnte – kurz gesagt – die Religionsfreiheit von der Kirche theologisch begründet und legitimiert werden. Die Erklärung geht aus von der Würde der Menschen und nennt das Gewissensgebot als Bestandteil der menschlichen Natur.

Zu seiner Berufung zu stehen, ist nach *Dignitatis humanae* Nr. 2 im Grunde genommen ein Gebot. So spricht das Diskussionsverbot bezüglich des Frauenpriestertums von Papst Johannes Paul II. aus dem Jahr 1995 gegen den Konzilsgeist von *Dignitatis humanae*. Denn das Zweite Vatikanische Konzil verkündete, dass die Religionsfreiheit aus der Würde der menschlichen Person entspringt und niemand gezwungen werden kann, gegen sein Gewissen zu handeln.

Das Zweite Vatikanische Konzil argumentiert von der Personenwürde her. Somit unterwirft sich – zumindest indirekt – die Kirche selbst diesen Grundsätzen und müsste sich auch in der Frage nach dem Frauenpriestertum danach richten.

Ein Rückfall in alte Muster

Leider gab es durch die Ansprache Papst Pauls VI. zum Jahr der Frau 1975 einen Rückschritt hinter das Frauenbild des Zweiten Vatikanischen Konzils. Die Frau wurde darin wieder in eine untergeordnete Funktion zurückversetzt; dabei wurde sie ausschließlich vom Mann her definiert. Dies wurde sogar mit dem «Plan Gottes» begründet.[35]

So hat die Soziallehre der Kirche die Frauenproblematik stärker in den Blick zu nehmen, ein patriarchales Familienbild zu überwinden und sich mit ihren sozialen Sachverhalten auseinanderzusetzen. Wenn die Geschlechter gleichberechtigt werden und auch wirklich gleiche Rechte und Pflichten erhalten, dann kehrt auch mehr Gerechtigkeit ein. Denn hinter Ungerechtigkeiten stehen oftmals Bilder von patriarchalen Hierarchien und geschlechtlichen Rollenstereotypen, welche diese legitimieren.

Papst Johannes Paul II. zeigte mit dem Apostolischen Schreiben über die Würde und Berufung der Frau, *Mulieris dignitatem*, im Jahr 1988 erneut, dass die Frau noch immer auf die Mutterschaft oder Jungfräulichkeit reduziert wird. Dieses Denken wird im kirchlichen Bereich vornehmlich dazu verwendet, um den Ausschluss der Frau vom Priesteramt zu begründen.

Dennoch wird bereits heute gesehen: «Vielfach ist in der Tat das Frau-Sein Grund für Diskriminierungen, und auch das Geschenk der Mutterschaft führt oft eher zu Nachteilen, als dass es wertgeschätzt wird. [...] Eine größere Wertschätzung ihrer Verantwortung in der Kirche könnte zur Anerkennung der maßgeblichen Rolle der Frau beitragen: ihre Beteiligung an Entscheidungsprozessen, ihre nicht nur formale Teilnahme an der Leitung einiger Institutionen» (*Instrumentum laboris**, 2015, Nr. 29).

Die Frau als Mutter

Ein Theologie-Professor sagte mir einmal: «Sie können Kinder bekommen. Ich nicht. Als Ausgleich dafür darf ich Priester sein. Die Frau hat eben das Privileg der Mutterschaft.» Diese Aussage zeigt das veraltete Frauenbild, das die Frau lediglich von ihrer Mutterrolle her definiert.

Sich so etwas als junge Frau von einem nicht allzu alten Mann anhören zu müssen, ist wirklich perfide. Und wenn man dann noch hören muss, dass Frauen nicht Priesterinnen werden können, weil das Dienen und die Liebe (der Mutter) ohnehin höher zu veranschlagen seien als ein Amt, übersieht man, dass ein kirchliches Amt stets auch Dienst in der Liebe bedeutet. Ich fühle mich dann wirklich vollkommen missverstanden und nicht ernst genommen. Aber das geschieht eben, wenn man sich mit dem Wunsch outet, Priesterin werden zu wollen. Solche abstrusen Argumente habe ich nicht nur von Priestern hören müssen, sondern es wird mir überwiegend von Frauen angeraten: «Werde Mutter und heirate – dazu sind Frauen berufen.» Wirklich? Kann eine Frau «nur» zur Mutterschaft oder Jungfräulichkeit berufen sein? Welch eingeschränkte Sicht vom Menschen und von Gottes Möglichkeiten haben wir? Ist es nicht so, dass Jesus alle braucht, die an seinem Reich bauen? Ist es dann nicht falsch zu sagen, dass eine Frau gewisse Dinge oder Ämter nicht übernehmen darf, weil der Mann etwas anderes nicht kann (z.B. schwanger werden)?

Zu behaupten, dass sich in der Mutterschaft in besonderer Weise die Würde der Frau ausdrückt, ist einfach zu kurz gegriffen. Denn was ist mit Frauen, die kinderlos bleiben? Oft trägt man mir auch zu, dass die Rolle der Frau «von Natur aus» eben die Mutterschaft sei und ich deswegen nicht das Priesteramt anstreben könne. Wer darf interpretieren, was «Natur» ist? Es gibt Unterschiede zwischen Mann und Frau. Doch diese dürfen nicht nur von Männern definiert werden.

Früher gab es zwei «Möglichkeiten» für die Frau: Sie konnte Jungfrau bleiben, dann wurde sie nicht unmittelbar in ihrer Beziehung zum Mann definiert. Oder aber sie wurde Mutter, so wurde sie vom Mann her definiert und bekam dadurch Anteil an der Würde des Mannes. Im 4. Jahrhundert war es das Jungfrauenideal, das eine Emanzipation der Frau ermöglichte. Die Frau war «frei» von einer männlichen (ehelichen) Unterordnung. Im 19. Jahrhundert wurde das eigentliche Wesen der Frau dann in der Mutterschaft gesehen. Die Frau hat immer ihr Selbstverständnis vom Mann her ableiten müssen. Der Mann war niemals in der unangenehmen Lage, dass er sein Selbstverständnis von einem anderen Geschlecht ableiten musste und sein Sein vom weiblichen Geschlecht abhängig war.

Das klassische Bild der Frau in der Kirche, die vor allem und ausschließlich Mutter ist, findet bei den meisten Frauen heute keinen Anklang mehr. Ja, darüber wird nur noch geschmunzelt. «Die Frau sei dem Mann untertan, sie folgt ihm überall hin, sie sei seine Hausfrau, sie gebäre ihm wunderschöne Kinder, die sie ganz glücklich erzieht, sie erziehe die Kinder im Glauben, dass sie in die Kirche gehen. Blablabla. Das ist es aber nicht. (...) Das Frauenbild der katholischen Kirche ist noch so, was von meiner Großmutter erwartet wurde, die sicher dann auch so war. Das ist aber nicht mehr zeitgemäß, deshalb erreicht die katholische Kirche keine Frau mehr. Keine intelligente, wache Frau mit einigermaßen Bildung.»[36] Man könnte es kaum glauben, aber dieser Text ist eine Arbeitshilfe der deutschen Bischofskonferenz aus dem Jahr 1993. Es zeigt deutlich, dass viele Frauen sich bereits seit geraumer Zeit von diesem «Frauenideal» der Kirche verabschiedet haben. Und doch: Noch heute ist das alte, patriarchale Verhältnis zwischen Mann und Frau in der katholischen Kirche über den Körper definiert. Die Macht der Männer war immer auch eine (Deutungs-)Macht über den Körper der Frau.[37] Heutige Frauen lassen sich immer weniger in diese (Deutungs-)Macht über ihren weiblichen Körper definieren und vorschreiben, was sie zu tun haben oder wer sie zu sein haben. Es wäre ja auch ein Unrecht, die Männer nur von ihrer Vaterschaft her zu definieren. So droht die Frauenfrage im Kern letztlich zu einer Mutterfrage zu werden.

Die Familiensynode von 2015 hat die verschiedenen Lebensrealitäten der heutigen Frauen erkannt. Trotzdem: Auch wenn Frauen heute viel machen und sich verwirklichen können, sollen sie dennoch bitte auch Mutter werden.

Handelt die Kirche richtig?

«Die Kirche ... muss das ihr Mögliche tun, um den Frauen das Mitsein, das Mitleben in der Kirche zu erleichtern, ihnen Zugänge zu verschaffen.»[38] Dieser Ausspruch stammt vom späteren Papst Benedikt XVI. Doch inwiefern trifft dies auf die Realität zu? Wie sehr setzt sich die Kirche wirklich dafür ein, dass die Frauen es «leichter» haben, in der Kirche eben auch ihre Berufung leben können? Die Kirche kann ihren Auftrag nur dann glaubwürdig ausüben, wenn in ihr und in ihrem Handeln erkennbar ist, welchen Stellenwert der Mensch hat. Das schließt eine gründliche Revision des kirchlichen Frauenbildes mit ein. Es darf nicht sein, dass die Kirche die Hälfte der Glaubenden nicht oder zu wenig berücksichtigt. Denn schließlich ist die katholische Kirche Vorreiterin einer gerechteren Gesellschaft. Sie muss Flagge zeigen, weil sie als Kirche dem Humanen verpflichtet ist. Brauchen wir vielleicht eine Revolution der Humanität in der Kirche?

Die katholische Kirche ist eine ethische Instanz; sie darf nur im Rahmen ihrer eigenen Gebote machtpolitisch handeln. Das Argument des innerkirchlichen Schismas aufgrund des Frauenpriestertums ist eine reine Projektion. Faktisch haben wir bereits heute ein Schisma in der Kirche. Wenn dann aber behauptet wird, es könne durch die Einführung des Frauenpriestertums zu einer Spaltung innerhalb der Kirche führen, mögen diese Ängste vielleicht berechtigt sein, aber es ist trotz allem irrelevant, da die Kirche selbst als ethische Institution umso mehr verpflichtet ist, nach ihrem ethischen Gewissen zu handeln.

Und das besagt, dass alle Menschen gleich sind und ihnen deswegen auch gleiche Rechte und Pflichten zustehen. So darf die Kirche selbst keinesfalls hinter das sittlich Richtige zurückfallen.

Bei der Diskussion um das Frauenpriestertum wird immer das Wohl der Kirche dem Wohl der Frauen gegenübergestellt. Das darf eine ethische Institution per se nicht machen! Es ist ein theologisches Unrecht, die Frau von der Priesterweihe auszuschließen.

Mit der jungen Generation wird es einfacher?

Wenn ich Vorträge halte, kommen nach dem Referat manchmal ältere Menschen auf mich zu und bestärken mich in meinem Tun. Sie sagen: «Machen Sie bitte weiter. Geben Sie nicht auf. Wir setzen auf die junge Generation.» Zur jungen Generation gehöre ich ganz gewiss. Aber nicht alle meiner Generation fühlen sich beim Gedanken wohl, dass sich bei der Frauenfrage in der Kirche etwas ändern könnte. Ich mache immer wieder die Erfahrung, dass gerade die jungen Kleriker viel verbohrter bezüglich des Frauenpriestertums sind als die Generation, die das Konzil noch miterlebt hat. Die Konzilsgeneration lebt noch im Geist des Aufbruchs. Man könnte meinen, dass der Aufbruch aus den starren Rollenverteilungen mit dem Abtreten der älteren Generation kippt, weil dann der Geschlechterunterschied in der Kirchlichkeit nach und nach verschwindet. Aber so einfach wird das nicht. Ich nehme einen Rückschritt im begonnenen Prozess der «Feminisierung der Kirche» wahr. Wollen sich die Jüngeren – aus welchen Gründen auch immer – der Frauenfrage nicht mehr stellen? Oder der Frage nach dem Frauenpriestertum ausweichen, weil sie selbst resigniert haben? Oder ist es der jüngeren Generation schlicht egal geworden?

Vielleicht liegt das auch daran, dass in den vergangenen Jahrzehnten bereits so viel darüber gesprochen und gestritten wurde, dass die Jüngeren, und hier meine ich vor allem, Frauen und Männer in meiner Altersgruppe, sich nicht mehr mit der Frauenfrage beschäftigen wollen, sondern sich vielmehr Themen widmen wollen, die «präsenter» sind, so etwa, wie man junge Menschen wieder vom Glauben an Jesus

Christus begeistern kann. Genau dies habe ich bei vielen Studienkolleginnen und Studienkollegen öfters bemerkt.

Die Nachkonzilsgeneration braucht wieder den Geist des Aufbruchs und der Erneuerung. Es braucht in der katholischen Kirche wieder ein *aggiornamento.* Papst Johannes XXIII. prägte diesen Begriff und meinte damit eine notwendige Öffnung der katholischen Kirche hin zur modernen Welt. Es braucht auch heute wieder den Mut, «unbequeme» Dinge auszusprechen und nicht Halt davor zu machen, weil sie zu den Tabuthemen der Kirche gehören und einst gesagt wurde, dass solche Themen abgeschlossen und für alle Zeit besprochen seien. Solange sie Menschen, ja ganz konkrete Personen betreffen, dürfen solche Themen nicht abgeschlossen sein. Die Frauenfrage ist erst dann abgeschlossen, wenn Frauen wirklich gleichwertig behandelt werden und sie ebenfalls die gleichen Möglichkeiten wie die Männer haben. Und vor allem: Wenn sie ihre Berufung leben können.

5. Kapitel:

«An das Kirchenrecht haben wir uns zu halten!»

Das Zweite Vatikanische Konzil (1962–1965) hat menschenrechtliche Aspekte als wesentlichen Teil der kirchlichen Lehre aufgenommen. Dadurch wurde neben der Sozialverkündigung auch dem Kirchenrecht großer Anlass gegeben, die Gleichheit und Gleichwertigkeit von Männern und Frauen in Würde und Stellung rechtlich umzusetzen.

Das katholische Kirchenrecht stellt in can. 208 ein Gleichheitspostulat auf: «Unter allen Gläubigen besteht, und zwar aufgrund ihrer Wiedergeburt in Christus, eine wahre Gleichheit in ihrer Würde und Tätigkeit, kraft der alle je nach ihrer eigenen Stellung und Aufgabe am Aufbau des Leibes Christi mitwirken.» Dieser Kanon* ist fast wörtlich von *Lumen gentium* Nr. 32 übernommen worden, die sich ja an die Menschenrechtserklärung der Vereinten Nationen von 1948 anlehnt. Der Gleichstellungskanon betont die gemeinsame Taufwürde und auch die gemeinsame Tauftätigkeit. Allein durch Christus haben die Getauften die fundamentale Gleichheit inne. Wenn die Kirche die Menschenrechte aus der Würde der Menschen folgert, kann eine Rechtsgleichheit zwischen Mann und Frau erst dann existieren, wenn die fixen Geschlechterrollen aufgegeben werden. Doch obwohl can. 208 CIC/1983 von einer «wahren Gleichheit» zwischen Mann und Frau spricht, besteht diese in der kirchlichen Ämterordnung tatsächlich überhaupt nicht. Es ist wirklich bedauerlich, dass das Gleichheitspostulat des Zweiten Vatikanischen Konzils keine rechtliche Umsetzung gefunden hat.

Das Kirchenrecht hält in can. 213 CIC 1983[39] fest, dass alle Gläubigen das Recht haben, das Wort Gottes und die Sakramente zu empfangen. Damit sind alle sieben Sakramente gemeint. Doch dieses Recht besteht für Mann und Frau nicht im gleichen Ausmaß, denn in can. 1024 heißt es: «Die heilige Weihe empfängt gültig nur ein getaufter Mann.» In den Augen einer berufenen Frau ist solch ein Gesetz diskriminierend, da die Weihe nur Männern vorbehalten ist. Die Kirche erachtet es denn auch nicht als ihre Pflicht, die Berufung einer Frau zu prüfen. Mir als Frau, eben weil ich eine Frau bin, kommt das Sakrament der Weihe demnach nicht nur in einer unterschiedlicheren Weise, sondern überhaupt nicht zu.

Bezüglich des Empfangs des Weihesakraments besteht somit eine «strukturelle Benachteiligung»[40] der Frau, obwohl die Lehre der Kirche Frau und Mann die gleiche Würde zuspricht. Den Frauen sind bislang alle drei sakramentalen Weihestufen (Diakon, Priester und Bischof) verschlossen geblieben. So ist das Gleichheitspostulat und die vom Zweiten Vatikanischen Konzil statuierte Verpflichtung, den Laien aufgrund der Taufe wie in der frühen Kirche wieder mehr Rechte und Pflichten zuzusprechen, im Kirchenrecht nicht vollends umgesetzt worden. Denn can. 1024 sagt ausdrücklich, dass das Mann-Sein Voraussetzung für die Weihe ist. Die Gleichheit der Frau erfährt eine doppelte Grenze. Zum einen kann sie nicht zur römisch-katholischen Priesterin geweiht werden, zum anderen kann sie gewisse Ämter nicht wahrnehmen, die eine Weihe voraussetzen.

Zweifellos: Durch das Kirchenrecht von 1983 hat die Frau eine Aufwertung erfahren. Es ermöglichte den Frauen eine reichliche Entfaltung ihrer beruflichen Fähigkeiten und sorgte dafür, dass die Kirche vor Ort immer mehr von Frauen getragen und – in einigen Ländern und Regionen der Welt – auch geleitet wird. Frauen wie auch männliche Laien wurden durch die theologische Grundlegung des Zweiten Vatikanischen Konzils endlich wieder Subjekte der Seelsorge.[41]

Dennoch gibt es neben can. 1024 im Kirchenrecht zusätzlich einen Canon, der einen deutlichen Unterschied zwischen Mann und Frau macht. Auch can. 230 § 2, der über die Laienämter des Lektorats und Akolythats* spricht, zeigt, dass es nicht nur eine kirchenrechtliche Unterscheidung zwischen Klerikern und Laien gibt, sondern auch eine eklatante Ungleichheit zwischen Mann und Frau besteht.[42] Obwohl es in vielen Gemeinden etliche Ministrantinnen (und das halb-offiziell erst seit 1994) gibt, besteht auch dort keine volle Gleichheit für weibliche Gläubige. So kann noch immer der Pfarrer selbst entscheiden, ob er Mädchen als Ministrantinnen aufnimmt oder nicht. Er kann vom Bischof dazu nicht verpflichtet werden. Selbst in Deutschland kenne ich noch eine Gemeinde, in der es keine Ministrantinnen gibt. Dort – so sagte man mir – läge es nicht an dem Pfarrer, sondern vielmehr an den männlichen Ministranten, die keine Mädchen aufnehmen wollen.

Der Ausschluss der Frau von sämtlichen Weihen und Ämtern in der katholischen Kirche entspricht einer grundlegenden rechtlichen Ungleichheit, die eine traurige Reduzierung des Frau-Sein und ihrer Rolle im Heilsplan Gottes widerspiegeln.

Bei der Frage um das Priestertum der Frau wird oft das göttliche Recht ins Feld gerückt. Da das Priestertum eine historische und soziologische Realität ist, kann es aber nur menschliches Recht sein, das veränderbar ist.[43] Diese Ansicht, dass es kein göttliches Recht sei, vertritt auch der emeritierte Bischof von Innsbruck, Reinhold Stecher. Er betrachtet das Frauenweiheverbot als für den Glauben nicht relevant, sondern als änderbar und plädiert deshalb für die Zulassung der Frauen zu den Weiheämtern. Denn er ist der Meinung, dass die Zulassung ohnehin erfolgen wird.[44] Das Kirchenrecht könnte geändert werden, wenn eine Notwendigkeit darin gesehen und die Lehre des Konzils klarer erkannt wird. Denn nach der Definition, was im Kirchenrecht göttliches Recht ist, wird die Priesterweihe nicht dazu gezählt.[45] Der Kanon über den Ausschluss der Frau von Weiheämtern (can. 1024) wurde aus dem alten Kirchenrecht von 1917 (can. 968 § 1 CIC 1917) wörtlich übernommen. Allerdings erwähnt der Quellenkodex zu diesem Kanon, dass einzig die Taufe notwendige Voraussetzung für die Weihe ist, nicht aber das Geschlecht. Bedauerlicherweise ist diese Interpretation nicht in den Gesetzestext eingeflossen, da die Rechtsordnung von 1917 auf der Vorstellung basiert, die Frau habe einen Status der Unterordnung.[46]

Menschenrechte in der Kirche?

In der katholischen Kirche wird – weil ihre Gläubigen (zumindest ein Teil von ihnen) in einem freiheitlich-demokratischen Rechtsstaat leben – die Frage der Rechtsgleichheit von Mann und Frau aufs Tapet gebracht. So stellt sich auch die Frage, wie es mit der «Reform der Strukturen» in der Kirche bestellt ist, die Papst Franziskus in *Evangelii gaudium* Nr. 27 im Jahr 2013 angemahnt hat.

Bis in die Neuzeit wurden die Menschenrechte von der katholischen Amtskirche abgelehnt. Ausschlaggebend für eine Versöhnung der Menschenrechtsidee und das Eintreten für die Würde des Menschen war das Zweite Vatikanische Konzil (1962–65). Es hat neue Maßstäbe gesetzt, die Kirche im Lichte des Evangeliums und der Glaubenstradition erneuert und bis zu einem gewissen Grad der Welt angepasst (vgl. *Gaudium et spes* Nr. 4). Da die Kirche nicht nur eine geistliche Gemeinschaft, sondern auch eine weltliche Organisation ist, die Recht setzt und Recht schützt und nach außen eine Quelle der Gleichberechtigung ist, muss sie um ihrer eigenen Glaubwürdigkeit willen auch innerkirchlich deutliche Zeichen setzen und die Paradoxie von der Anerkennung und Einforderung der Menschenrechte nach außen (*ad extra*) und der fehlenden Gleichberechtigung nach innen (*ad intra*) auflösen.[47]

Das Vorhandensein von Grundrechten und Gleichbehandlung gibt es jedoch im geltenden Gesetz der katholischen Kirche (CIC) aus dem

Jahre 1983 nicht in vollem Umfange. Im Bereich der rechtlichen Gleichheit von Mann und Frau bestehen nach wie vor schwerwiegende Defizite[48], die innerkirchlich mittel- bis längerfristig zu beheben sind.

Das Gesetz der Kirche schafft den Raum, damit die Christen ihren Glauben leben können. So ist es die Pflicht der Kirche, zu erkennen und zu handeln, wenn Menschenrechte missachtet oder verletzt werden.

Die Kirche schafft es erst dann, glaubhaft für die Verwirklichung der Menschenrechte einzutreten, wenn auch sie sich mit diesem Maßstab selbst misst. Denn die Gleichstellung von Mann und Frau ist eine Kernfrage des Glaubens. Verschließt sich die Kirche den Gleichstellungsprozessen weiterhin unter Berufung auf Tradition und Dogma, droht sie für die soziale Wirklichkeit blind zu werden. Dabei riskiert sie, dass der Ausschluss der Frau von den Weiheämtern nicht mehr als sinnvolle kirchliche Tradition, sondern als existenzieller Mangel wahrgenommen wird. Ihre Glaubwürdigkeit würde darunter leiden, weil der Rechtsschutz der Gläubigen nicht gewährleistet wäre. Stellt sich die Kirche nicht der Geschlechtergleichheit, ist im schlimmsten Fall damit zu rechnen, dass noch mehr Gläubige die Kirche verlassen. Viel steht auf dem Spiel, wenn dies nicht ernsthaft überdacht wird und keine heilsamen Lösungen gefunden werden.

Da die Kirche immer auch eine *Ecclesia semper reformanda* ist, ist es ihre ureigene Aufgabe, nicht zu erstarren – schon gar nicht dort, wo es die Rechte einzelner Gläubigen betrifft. Der Leitspruch *Ecclesia semper reformanda, die Kirche ist eine sich ständig reformierende*, schließt auch mit ein, dass die Rechtsordnung der Kirche immer wieder überdacht werden muss, damit diese den bestmöglichen Schutz bietet.

Dank der Enzyklika *Pacem in terris* (1963) und später der Päpstlichen Kommission *Justitia et pax* aus dem Jahre 1976 sowie dem sozialethischen Ansatz bei Papst Johannes Paul II. sind die Menschenrechte zu einem nicht mehr wegzudenkenden Faktor der kirchlichen Gegenwart geworden.

Ihre Beachtung und ihre Förderung sind eine Verpflichtung, die die Kirche dem Evangelium schuldet. Und das bedeutet nicht, dass die Menschenrechte nur außerhalb der Kirche gefördert werden dürfen oder sollen. Auch innerhalb der Kirche haben diese zu Konsequenzen zu führen. Die römische Bischofssynode betonte im Jahr 1971: Wer «öffentlich von der Gerechtigkeit zu sprechen wagt, [muss] selbst in den Augen der anderen gerecht sein»[49]. Das kann sie nur sein, wenn *in* der Kirche ein Recht gilt, das allen die gleichen Chancen und Rechte einräumt und die Würde nicht bloß auf eschatologischer Ebene* sieht.

Die Konzilskonstitutionen und die nachfolgenden lehramtlichen Verlautbarungen zeigen, dass die Menschenwürde als minimaler Schutz in der *gesamten* Rechtsordnung der katholischen Kirche gilt. Das bedeutet nicht, dass beim Zugang zu den kirchlichen Ämtern in der Kirche eine strikte Grenze gezogen werden darf. Die aus der Personenwürde resultierenden Menschenrechte müssen in *allen* Bereichen der Kirche gelten (oder: durchgesetzt werden). In letzter Konsequenz heißt das: Die durchgängige innerkirchliche Gewährleistung der Rechtsgleichheit von Mann und Frau.

Die Soziallehre der Kirche hat sich im Kirchenrecht lediglich in beschränktem Masse verwirklicht. Das ist daran zu erkennen, dass es dort noch immer eine Diskriminierung aufgrund des Geschlechts gibt (can. 1024) – und das, obwohl kirchenrechtlich auch von einer grundlegenden Gleichheit (can. 208) gesprochen wird.

Dieses Dilemma kann nur dadurch aufgelöst werden, dass die Verwirklichung der Menschenrechte – um mit Papst Paul VI. zu sprechen – «die Rechte des Menschen und die Versöhnung überall in der Kirche»[50] auch innerhalb der Kirche nicht nur schöne Worte bleiben, sondern auch wirkliche Veränderungen erfolgen. Das bedeutet eine

Änderung von Canon 1024 in: «Die heilige Weihe erhält eine *getaufte* Person.»

Ist der Weiheausschluss eine Diskriminierung der Frau?

Viele finden es lächerlich zu sagen, dass Frauen in der katholischen Kirche benachteiligt werden oder dass es eine Diskriminierung gibt, da die Frauen heutzutage mehr denn je Möglichkeiten haben und in den Gemeinden zahlreiche Tätigkeitsfelder offen stehen. Letzterem muss ich zustimmen. Es gibt heute Theologieprofessorinnen, Pastoralreferentinnen, Gemeindeleiterinnen, Religionslehrerinnen und vieles mehr. Doch ich finde, wenn *auch nur eine* Frau sich dazu berufen fühlt, das zu machen, was ein Priester tut, wenn nur *eine* Frau die Fähigkeit besitzt, diese Ämter auszuüben, die bis jetzt nur Männern vorbehalten sind, dann muss auch allen Frauen das Recht auf die freie Wahl gewährt werden. Denn die Berufung durch Gott ist im Grunde genommen Legitimation genug.

So liegt eine Diskriminierung der Frau in der Kirche vor, wenn das Geschlecht ein Ausschlusskriterium im kirchlichen Bereich darstellt. Nur weil ich eine Frau bin, komme ich nicht in die Lage, zur Priesterin geweiht zu werden, geschweige denn, dass meine Berufung überhaupt geprüft wird. Dies ist eine deutliche Diskriminierung. Auch wenn keine Frau (und auch kein Mann) einen Rechtsanspruch auf die Priesterweihe hat, handelt es sich dennoch um eine Diskriminierung, da einzig das Geschlecht Kriterium der Ungleichbehandlung ist. Wer Zugang zur Weihe hat, hat unter qualifizierten Begründungen zu stehen. So muss gefragt werden, ob im Grunde genommen unhaltbare neoscholastische Argumente (u.a. durch Thomas von Aquin inspirierte), die von einer «göttlichen Unterordnung» der Frau ausgehen, in der *Welt von heute* als Differenzierungsgründe, die einen Ausschluss der Frau von der Weihe begründen, überhaupt noch gelten dürfen. Ich glaube kaum. Auch wenn es bislang noch der Fall ist.

Die Wahl der Freiheit muss – vor allem auch in der Kirche – gegeben sein. So wie es in der Taufe eine Wahlfreiheit gibt, so sollte auch im vollen Christsein die Freiheit gegeben sein, sich für einen Dienst in der Kirche zu entscheiden. Seit dem Zweiten Vatikanischen Konzil gilt: Die Frau hat die gleichen Rechte wie der Mann. Doch bis heute werden diese gleichen Rechte der Frau allein aufgrund ihrer Fraulichkeit herabgestuft. Wer gleiche Rechte bekommt, muss auch gleiche Möglichkeiten erhalten. Alles andere ist Diskriminierung. Nur die, welche betroffen sind, können am besten sagen, was eine Diskriminierung ist. Und ich, weil ich mich berufen fühle, sage, dass der Ausschluss vom Weiheamt um des Geschlechtes willen eine krasse Diskriminierung der Frau darstellt. Von einem Priester, der bereits seine Berufung lebt, ist es von daher nur schwer zu verstehen, mit welchem Recht er behaupten kann, dass der Ausschluss der Frau keine Diskriminierung sei. Schließlich wies das Zweite Vatikanische Konzil bereits vor 50 Jahren darauf hin, dass auch das Geschlecht Grund für Diskriminierung sein kann. Warum wird diese Aussage zwar für allgemeingültig erklärt, aber im Diskurs um das Frauenpriestertum stets für ungültig erklärt? Ja, es gibt kein Recht auf die Weihe! Und nein, deswegen ist es trotz allem eine Diskriminierung des weiblichen Geschlechts!

Der Weiheausschluss der Frau ist nicht tolerierbar

Der geschlechtsbedingte Ausschluss der Frauen von der Weihe ist mit der Aussage der «fundamentalen Gleichheit aller Menschen» nicht zu vereinbaren. Aufgrund der Anerkennung zahlreicher Menschenrechte in der Soziallehre der Kirche ist der Weiheausschluss auch angesichts der gesellschaftlichen und pastoralen Notwendigkeiten einer «*Kirche in der Welt von heute*» (Gaudium et spes Nr. 4) ein Relikt längst vergangener Zeiten und deshalb fehl am Platz. Zudem stellt sich die katholische Kirche in einen deutlichen Widerspruch zum staatlichen und internationalen Gleichstellungsrecht.

Der Ausschluss der Frauen von der vollen Seelsorge («*plena animarum cura*»), die zum Kernauftrag der römisch-katholischen Kirche gehört, hält weder vor dem konziliaren Kirchen- noch vor dem Amtsverständnis stand. Es braucht gerade in Bezug auf das Amtsverständnis vertiefte theologische Reflexionen und eine Reform des Weiheverständnisses. Dieses stammt noch aus dem Mittelalter, dessen Bedeutung heute viele nicht mehr verstehen. Schon gar nicht, wenn es heißt, dass die Weihe ein unauslöschliches Zeichen ist, das ausschließlich an das männliche Geschlecht gebunden ist.[51]

Vielleicht bringen die Kirchenleitung, der Papst und das Bischofskollegium, die Kraft und den Mut auf, die dringend notwendige Reform der kirchlichen Ämterordnung uno actu vorzunehmen, d. h. die Zulassung der Frau aufgrund der Taufe (can. 849 CIC) zum geweihten Diakonat, zum Priester- und zum Bischofsamt zu ermöglichen? Vielleicht …

Ausschluss der Frau – vom Staat toleriert?

Das schweizerische Recht sieht in der Geschlechtszugehörigkeit kein taugliches Kriterium für rechtliche Differenzierungen, sondern sieht darin vielmehr ein Verbot benachteiligender Unterscheidungen. Denn die schweizerische Bundesverfassung bestimmt, dass Mann und Frau in allen Lebensbereichen grundsätzlich gleich zu behandeln sind.

Die Aussage, nur Männer können die Priesterweihe empfangen und diese gar dem «göttlichen Recht» unterstellt, entspricht weder internationalem und europäischem noch nationalem Standard. So können Religionen, die Frauen von zentralen Leitungsfunktionen ausschließen, kaum staatlichen Rechtsschutz genießen, wenn dabei die Grundrechte einzelner Personen (hier besser: Gruppen) verletzt werden.

Ich persönlich kann nicht verstehen, weshalb Kirchen und Religionsgemeinschaften Verstöße gegen Rechtsgleichheit nach wie vor mit dem «göttlichen Recht» zu rechtfertigen pflegen. Ich frage mich auch, wie der Staat solche Verstöße einfach hinnehmen kann. Sollte nicht vielmehr auch der Staat diesen Verstoß gegen die Geschlechtergleichheit kritisieren oder gar einschreiten, wenn Grundrechte und Menschenrechte von Personen beschnitten werden? Darf eine Religionsgemeinschaft sich überhaupt auf «göttliches Recht» berufen und dieses geltend machen, um Menschen aufgrund ihrer Geschlechtszugehörigkeit zu diskriminieren? Und dies, obwohl das Zweite Vatikanische Konzil ja betont, dass eine Diskriminierung der Frau einen Widerspruch im Heilsplan Gottes darstellt?

Grundrechte in der Kirche?

Mehr und mehr werden in pluralistischen und multireligiösen Gesellschaften, die von Grundrechten geprägt sind, auch Religionsgemeinschaften mit der Menschenrechtsidee konfrontiert. Die katholische Kirche zeigte mit dem Zweiten Vatikanischen Konzil, dass sie dieser Idee nicht abgeneigt ist, und verbesserte die Rechtsstellung der Frau in der Kirche. Die katholische Kirche kann es sich auf der Grundlage des Kirchen- und Amtsverständnisses des Zweiten Vatikanischen Konzils und auch angesichts des wachsenden internationalen Gleichstellungsdrucks kaum mehr erlauben, das Prinzip der Gleichstellung von Mann und Frau unterschiedlich anzuwenden und weiterhin die Frau von Weiheämtern auszuschließen.

Aufgrund der Anerkennung und Betonung der Gleichheit aller Menschen ergibt sich ein Rechtsstatus in der Kirche. So stellt sich die Frage, ob sich die Kirche an den Kerngehalten der staatlichen Grundrechte und der europäischen und internationalen Menschenrechte orientieren sollte.[52] Die fehlende Weihe der Frau ist ein deutlicher Widerspruch zum staatlichen Gleichstellungsparagraphen (Art. 8 Schweizerische Bundesverfassung, Art. 3 deutsches Grundgesetz). Auch widerspricht sie internationalen Frauenrechtsdokumenten. Die UNO-Frauenrechtskonvention[53] und die Europäische Menschenrechtskonvention (EMRK)[54] kennen einige Bestimmungen, die nicht nur den staatlichen, sondern auch den (zivil-) gesellschaftlichen Bereich betreffen, namentlich auch die Kirchen und Religionsgemeinschaften. Da es sich bei der Kirche – allein schon aufgrund ihres Selbstverständnisses – um eine öffentliche Institution handelt, hat der Staat die Pflicht, auch im kirchlichen bzw. im religionsgemeinschaftlichen Bereich dafür zu sorgen, dass das Gleichstellungsprinzip eingehalten wird.

Die Kirche ist eine zivilgesellschaftliche Organisation, die sich nicht im rechtsfreien Raum bewegt. Die Kirche wirkt im öffentlichen Raum – zumindest hierzulande (sei es in den Schulen, in den Medien etc.). Und gerade weil sie in der Zivilgesellschaft und in der demokratischen Öffentlichkeit wirkt, hat sie sich an die staatliche Rechtsordnung zu halten, obgleich berücksichtigt werden muss, dass die Kirche nicht mit dem Staat verglichen werden kann. Dennoch: Weil die Kirche ein *Global Player* ist, Macht ermöglicht und über Konflikte (mit-)entscheidet, sind Grundrechte in ihr notwendig und sinnvoll. Dabei muss das Kirchenrecht individuelle Rechte im Raum der Kirche gewähren und bei allfälligen Konflikten Lösungen finden.

Im geltenden kirchlichen Recht ist das Grundrecht der Gleichheit der Geschlechter auf der Ebene der ekklesial-sakramentalen* Aufgaben nach wie vor eingeschränkt. So ist die Frau rechtlich noch immer schlechter gestellt als der Mann. Berufene Frauen können nach wie vor das Sakrament der Weihe nicht empfangen – zumindest nicht ohne schwerwiegende kirchendisziplinarische Folgen.

Die Bestimmung, dass nur ein Mann die Weihe empfangen kann, ist eine krasse Diskriminierung der Frau. Denn aus grundrechtlicher Sicht ist festzuhalten, dass das Schweizerische Bundesgericht eine Sonderbehandlung aufgrund von biologischen Kriterien nur dann als rechtmäßig erachtet, wenn diese nicht auf überkommenen Rollenverständnissen beruhen. Der Ausschluss der Frau von den Weihe- und Leitungsämtern stellt eine Verletzung des (staatlichen) Gleichheitsgebotes dar, da die Geschlechtergleichheit von der katholischen Kirche grundsätzlich anerkannt wird und dennoch der Grundsatz «Gleiches nicht nach Maßgabe seiner Gleichheit gleich und Ungleiches nicht nach Maßgabe seiner Ungleichheit ungleich behandelt wird»[55] nicht beachtet wird.

Auch wenn die Kirchen in der Schweiz ein Selbstbestimmungsrecht haben, also in ihrem Wirkungsbereich bestimmte Dinge selbst regeln dürfen, bedeutet das noch lange keinen Freipass. Die Gestaltungsfreiheit hat innerhalb eines bestimmten rechtlichen Rahmens (gleiche Rechte für Mann und Frau) zu erfolgen. Und da die Rechtsgleichheit von Mann und Frau ein fundamentales Grundrecht im demokratischen Rechtsstaat darstellt, muss es von staatlicher Seite geschützt und gefördert werden.

Obwohl es internationale, europäische und nationale Bestimmungen zur Gleichstellung der Frau und etliche Diskriminierungsverbote aufgrund des Geschlechts gibt, hält der Staat sich bislang in diesen Fragen zurück. Unbestritten bleibt, dass der Staat die Kirche nicht zwingen kann (und ja, der Staat sollte das auch nicht tun). Auch wenn die Kirche nicht unmittelbar mit dem Staat zu vergleichen ist, hat sich auch die Kirche – spätestens seit ihrer Anlehnung an die Menschenrechte – an diese zu halten, da diese nicht nur gegenüber Staaten, sondern auch gegenüber Dritten geltend gemacht werden (können). Informations- und Aufklärungsarbeit ist dabei unabdingbar. Die Kirche muss sich im eigenen kirchlichen Selbstverständnis fragen, ob sie es wirklich verantworten kann, eine getaufte Person allein aufgrund ihres Geschlechts vom Weiheamt auszuschließen oder ob sie selbst nicht lieber Vorreiterin einer gerechteren Gesellschaft werden will. Schließlich sind Kirchen Verantwortungsträger für die Menschenrechte.

Für mich steht fest, dass dieser Missstand von der Kirche selbst behoben werden muss. Schließlich ist es nicht Aufgabe eines Staates, das Selbstverständnis einer Kirche zu hinterfragen. Vielmehr muss das Verbot zur Frauenweihe von der katholischen Kirche selbst und von ihren Gläubigen ernsthaft hinterfragt werden.

Mit der Anerkennung der Würde und der Rechte der Frau und ihrer rechtlichen Besserstellung ist die katholische Kirche grundsätzlich auf gutem Weg zur Verwirklichung der Geschlechtergleichstellung. Aber sie darf keinesfalls dort stehen bleiben. Die Kirche darf keine Angst haben vor Veränderungen kirchlicher Gesetze, sondern muss vielmehr die Gleichstellung von Mann und Frau auch innerhalb des kirchlichen Bereichs im Blick haben. Denn die individuellen Rechte und Pflichten müssen *in* der Kirche als Grundrechte ausgewiesen sein.

Die Kirche ist gut beraten, wenn sie die immer mehr geforderte Gleichstellung von Mann und Frau rechtlich umsetzt und sich dabei auch am weltlich-westlichen Recht orientieren würde. Gerade weil ich die Kirche liebe, möchte ich ihr raten, dass sie einen Bewusstseins- und Willensbildungsprozess startet, sich auch innerkirchlich für die Gleichstellung von Mann und Frau öffnet und letztlich rechtliche Schritte zur Umsetzung unternimmt.

Die heutige Welt drängt geradezu darauf, dass man sich ihrer religiös-pluralistischen und modernen Seite stellt. Die Kirche wird heute – egal ob sie bewusst in der Gesellschaft öffentlich auftritt oder sich zurückzieht – mit der autonomen Vernunft und der demokratischen Ordnung konfrontiert. Die Kirche muss sicher nicht alles übernehmen. Aber wie auch andere gesellschaftliche Subsysteme muss sich die

Kirche von heute mehr denn je in dieser Welt stellen. Sie muss aufmerksam sein für die Probleme der Welt und der Menschen und die «Zeichen der Zeit» erkennen. Dabei ist eine kritische Reflexion der eigenen Tradition unabdingbar. Dieses ständige Hinterfragen des eigenen Seins, verlangt ein Suchen nach Antworten und ein Umsetzen von Lösungen.

6. Kapitel

Die Erklärung zur Frage der Zulassung der Frauen zum Priesteramt *Inter Insigniores*

Hintergrund der Erklärung *Inter Insigniores* war die Zustimmung zur Zulassung von Frauen zum Priesteramt im Jahre 1975 in der anglikanischen Kirche von England und Kanada. Papst Paul VI. zählt in diesem Schreiben ausführliche Argumente auf, die gegen eine Weihe für Frauen sprechen.

Vor der Veröffentlichung von *Inter Insigniores* wurde die Päpstliche Bibelkommission einberufen, die im Vorfeld prüfen sollte, ob es theologisch und exegetisch abzulehnen sei, Frauen die Priesterweihe zu spenden. 12 der 17 Mitglieder der Bibelkommission waren der Meinung, dass die Feier der Eucharistie den Frauen anvertraut werden kann, ohne dabei gegen den Willen Jesu Christi zu handeln.[56] Wie wir gleich noch sehen werden, wurden die Ausführungen der Bibelkommission allerdings in der Erklärung *Inter Insigniores* nicht berücksichtigt.

Gleich zu Beginn der römischen Erklärung wird das Traditionsargument vorgebracht, um zu betonen: «Niemals ist die katholische Kirche der Auffassung gewesen, dass die Frauen gültig die Priester- oder Bischofsweihe empfangen können.»[57] Darin wird zwar betont, dass das Traditionsargument durch die Praxis der Kirchenväter und der mittelalterlichen Theologen gestärkt wurde, dennoch wird gesagt, dass sich die Glaubenskongregation durchaus bewusst sei, dass in früheren Theologien oftmals eine Herabstufung und Vorurteile gegenüber der Frau herrschten. Auch wenn darauf hingewiesen wird, dass Frauen in der Geschichte der Kirche mit Vorurteilen begegnet worden ist, hält die Glaubenskongregation am Traditionsargument strikt mit der Begründung fest, dass nicht die frauenfeindlichen Vorurteile ausschlaggebend gewesen wären. So wird auch von der «Treue zum Willen Christi» gesprochen.

Ein weiteres Argument, das vorgebracht wird, ist das Verhalten Jesu. Dabei wird betont, dass Jesus «keine Frau unter die Zahl der Zwölf berufen»[58] habe, und weil er so gehandelt habe, würde eine Zulassung der Frauen zum Priesteramt im Widerspruch zur Intention Jesu stehen. Eine Schwäche dieses Arguments ist allerdings, dass die Glaubenskongregation die Berufung der zwölf Jünger gleichsetzt mit Priestern. Damit wird verschwiegen, dass es im Neuen Testament noch kein Amtspriestertum und auch noch keinen Klerus gab, sondern dass sich die frühe Kirche zu einer hierarchischen Institution nur sehr langsam und auch örtlich unterschiedlich entwickelt hat.[59] So schafft es *Inter Insigniores* nicht, dem konkreten Werden der Kirche in ihrer Geschichtlichkeit gerecht zu werden. Denn das Männerpriesteramt wurde nicht von Jesus Christus eingesetzt, und der Apostelkreis war grösser als der Zwölferkreis. Wir haben bereits von Junia, der Apostelin, gehört. Zudem gelten nicht die Priester, sondern lediglich die Bischöfe als Nachfolger der Apostel.

Auch der Theologe Herbert Vorgrimler kritisiert die neutestamentliche Grundlegung des Weihepriestertums der katholischen Kirche, da es keine biblischen Zeugnisse gibt, die in irgendeiner Form auf eine Weihe hinweisen – weder für den Mann noch für die Frau. Auch ist Jesus Christus selbst kein Geweihter gewesen. Er setzte viel mehr Menschen ein, die dadurch zu Zeugen seines messianischen Wirkens wurden. Darunter waren auch Frauen zu finden.

Jesus Christus hat zwar keine Frau in den Zwölferkreis berufen. Dieses Handeln kann aber nicht als unveränderlicher Maßstab für alle Zeiten gelten. Das Zwölferkreis-Argument ist kulturell und gesellschaftlich bedingt und bedient sich der Wertvorstellung einer Zeit, in der Frauen den Männern untergeordnet waren. Der Ausschluss der Frauen von Leitungsdiensten wurde in späterer urchristlicher Zeit nicht mit dem «Willen Christi», sondern mit der untergeordneten Stellung der Frau begründet.

Das Zwölferkreis-Argument ist nur dann stichhaltig, wenn der berufene Zwölferkreis deckungsgleich mit den Aposteln ist. Auch muss geprüft werden, ob diese Apostel explizit Nachfolger, also Bischöfe, bestimmt und eingesetzt haben, die nur Männer waren. Die Berufung der Zwölf ist eine Zeichenhandlung, die die zwölf Stämme Israels im Blick hat. Das prophetische Symbol konnte nur unter drei Voraussetzungen bestehen: (1) zwölf (2) jüdische (3) Männer. Doch bereits nach kurzer Zeit spielte diese Zeichenhandlung keine Rolle mehr, denn zwei der drei Merkmale wurden schnell außer Acht gelassen: Die Zwölferzahl wird nach dem Tod Jesu nicht eingehalten, und es werden auch Heiden zu den Aposteln gezählt.[60] Nach dieser Logik – also nur Männer dürfen und können Priester werden, weil im Zwölferkreis nur Männer waren – müssten unsere heutigen Priester im Grunde genommen zuvor Juden gewesen sein, und es dürfte weltweit nur zwölf Bischöfe geben. Erst dann wäre dieses Argument bezüglich der Frauenfrage auch plausibel.

Inter Insigniores zieht den voreiligen Schluss, dass Jesus Christus zwar frauenfreundlich gewesen sei, aber keine Frau in den Zwölferkreis berufen habe, dies somit der verbindliche Wille Jesu sei, woran sich die Kirche für alle Zeit zu halten habe. Eben auch, weil Jesus Christus seine Mutter Maria nicht *«mit dem apostolischen Amt anvertraut hat»*[61]. Doch die Symbolik duldet keine Frau. Die Haltung Jesu, zwölf jüdische Männer zu berufen, sei zeitgerecht gewesen und darf deshalb keine überzeitliche Geltung beanspruchen. Weiter betrachtet *Inter Insigniores* den Ausschluss der Frauen von Weiheämtern als legitim, da nach dem Tode von Judas nicht Maria Magdalena oder eine andere Frau in den Zwölferkreis aufgenommen worden sei, sondern

Matthias. Doch diese Sicht ist meiner Meinung nach zu eng gefasst. Denn die Apostelgeschichte berichtet bereits von Frauen, die ebenfalls «den Weg Gottes» (Apg 18,26) auslegten.

Und: Wo waren die Apostel, als Jesus am Kreuz gestorben war? Diese haben sich doch aus dem Staub gemacht. Der Apostel Petrus hat sogar dreimal geleugnet, sein Anhänger zu sein. Die Erscheinung des auferstandenen Christus vor Maria Magdalena ist doch ein eindeutiges Zeichen, dass Frauen hier in der Verkündigung ein Vorrang zukommt, den die Apostel verspielt haben.

Schon oft musste ich hören, dass jemand hämisch sagte: «Jesus Christus ist der Sohn Gottes. Da er allwissend und vor allem allvorhersehend ist, hätte er also wissen müssen, was die Kirche später bezüglich der Frauen beschließt.» Dabei wird leider vergessen, dass Jesus Christus zuallererst ein Mensch war, also ein menschliches Gedächtnis, menschliche Gedanken und einen menschlichen Spürsinn hatte. Er war kaum fähig, so weit in die Zukunft zu schauen. Wenn Jesus etwas vor 2000 Jahren nicht gemacht hat – in dem Fall: Frauen explizit zu Priesterinnen zu berufen (Männer hat er auch nicht zu Priestern berufen, geschweige denn geweiht! Zudem ist die Priesterweihe eine Rechtsfigur, die später entwickelt wurde und Frauen der ersten Jahrhunderte nicht davon ausschloss) – bedeutet das nicht, dass er es verboten hat. Höchstenfalls zeigt es, dass es in seiner Zeit zweckmäßig war, wie er gehandelt hatte. Was es aber heute nicht mehr sein muss.

Wie Jesus Christus damals gehandelt hat und mit seinen Mitmenschen umgegangen ist, das gilt es hingegen in jeder Zeit, also auch hier und jetzt, als Herausforderung anzunehmen. Damit müssen wir immer wieder von neuem umzugehen lernen, um so ganz im Geist Christi zu wandeln. Als Kirche müssen wir uns dessen immer wieder bewusst werden und ständig nach den «Zeichen der Zeit» Ausschau halten.

Inter Insigniores hält fest, dass die Kirche keine Gewalt über die Substanz der Sakramente habe, jedoch «eine gewisse Verfügungsgewalt über die Sakramente hinsichtlich der genaueren Gestaltung der äußeren Zeichen und der Bedingungen der Spendung»[62]. Nach dieser Auffassung trägt das Handeln der Kirche, Frauen vom Amt auszuschließen, einen normativen Charakter. Dennoch darf die Verfügungsgewalt der Kirche über die Sakramente nicht dazu verwendet werden, eine Nicht-Zulassung der Frau zum Weiheamt zu rechtfertigen. Ist der Weiheausschluss der Frau nicht vielmehr eine Verletzung des Erlösungswerks der Kirche? Denn diese Bestimmung beschneidet die Frau in ihrer Gnade, die sie durch das Sakrament der Weihe erhalten würde.[63]

Dass Jesus zwar frauenfreundlich war, aber dennoch keine Frau in den Zwölferkreis berufen hat, wird von der Kirche als angeblich verbindlicher Wille Jesu angesehen. So habe die Kirche keine Möglichkeit, das Frauenpriestertum einzuführen. *Inter Insigniores* argumentiert hier mit einem syllogistischen Schema*. Syllogismen werden nach einem gewissen Muster aufgebaut. Es gibt immer einen Obersatz, einen Untersatz und eine Schlussfolgerung.

So möchte ich anhand von zwei Beispielen aufzeigen, warum man so nicht argumentieren kann und dass daraus auch andere Schlussfolgerungen gezogen werden können. (Obersatz) Jesus Christus war innerhalb des sozio-kulturellen Kontextes seiner Zeit menschenfreundlich, und doch hat er die Sklaverei nicht abgeschafft. (Untersatz) Selbst Paulus, der in Galater 3,28 die Sklaverei für beendet erklärt, setzt sich in der Praxis nicht für eine Abschaffung der Sklaverei ein. Somit ist der Wille Jesu zu respektieren. (Schlussfolgerung) Die Sklaverei wäre damit christlich legitim, und wir müssten uns noch heute daran halten.

Ein zweites Beispiel: (Obersatz) Jesus Christus hat ehelos gelebt und der Ehelosigkeit einen bleibenden Wert gegeben. Dennoch berief er Petrus, der verheiratet war, zum Leiter der Kirche. (Untersatz) In den Pastoralbriefen (1 Tim 3,1-7) wird von den Bischöfen verlangt, dass sie verheiratet sind – und das aus kirchlich-praktischen Gründen. Auch hier wäre der Wille Jesu verbindlich einzuhalten, (Schlussfolgerung) und zumindest die Päpste müssten den Bund der Ehe eingehen und eine Familie gründen.[64]

Daraus folgt: Solch eine krude Argumentationslogik ist nicht tragbar. Und dennoch wird sie beim Verbot des Frauenpriestertums angewandt!

Inter Insigniores betont, dass der geweihte Mann *in persona Christi* handle. Die «natürliche Ähnlichkeit»[65] zwischen dem Priester und Christus besteht nur dann, wenn die Repräsentation Christi durch einen Mann wahrgenommen wird, «andernfalls würde man in ihm schwerlich das Abbild Christi erblicken»[66]. Weil Christus selbst ein Mann war, kann auch nur ein Mann zum Priester geweiht werden und in diesem Dienst die Spendung der Sakramente ausführen, so lautet das Argument von *Inter Insigniores*.

Dass Frauen nicht die Priesterweihe empfangen können, weil Jesus Christus selbst ein Mann war, ist nicht plausibel, da diese Aussage noch keine Antwort darauf ist, ob derjenige Amtsträger, der *in persona Christi* handelt, diesen ebenso «in seinem Mannsein repräsentieren müsse»[67]. Wäre dies der Fall, müsste man sich auf die Anthropologie berufen, die jedoch allen Menschen die gleiche Würde zuspricht, von der Erklärung *Inter Insigniores* anerkannt wird und so die Gleichberechtigung der Frau gefährden würde. Im Vordergrund der Menschwerdung Jesu Christi – das ist auch in der gesamten christologischen Streitgeschichte so zu sehen – steht nicht das Mann-Werden, sondern sein Mensch-Werden. Es darf nicht vergessen werden, dass der Priester bei der Eucharistiefeier primär nicht Jesus, den Mann, repräsentiert, sondern vielmehr den auferstandenen Christus, der mit Jesus von Nazareth identisch war.

Zudem kann ich nicht verstehen, weshalb einer Frau, die doch aufgrund der Taufe gleichgestellt ist, die Weihe verwehrt bleiben soll. Die auch in *Inter Insigniores* zitierte Bibelstelle Galater 3,26-28 steht im Kontext eines Tauftextes, der die heilsstiftende Kraft der Erlösung zum Ausdruck bringt. Durch die Annahme Jesu Christi und durch die Taufe wird der Mensch erlöst, also Mann *und* Frau. Die Differenzen bestehen zwar noch, aber sie sind kaum geeignet, heilsrelevante Impulse auszulösen. Durch die Taufe sind Männer *und* Frauen zur Christusrepräsentanz fähig.

Wenn man die Analogie des Mannseins weiterdenkt, muss man feststellen, dass einzig das männliche Geschlecht, also eine biologische Qualität, zur Repräsentation Christi notwendig ist. Ein solches auf das Geschlecht bezogene Argument kann schwerlich gelten, eben weil es ein auf das Geschlecht des irdischen Jesus beschränkender Repräsentationsgedanke ist.

Die «natürliche Ähnlichkeit» einzig auf das Geschlecht des Mannes festzulegen, ist kein schlüssiges Argument gegen das Frauenpriestertum. Denn schließlich ist im Neuen Testament nirgends zu lesen, dass das «Mann-Sein» Jesu Voraussetzung zur Ausübung von kirchlichen Ämtern ist.

Inter Insigniores zieht die Ehesymbolik von Braut und Bräutigam heran, um den Weiheausschluss der Frau zu begründen. Im Alten Testament ist dieses Bild bereits zu finden und impliziert eine Unterordnung der Frau. Das Schreiben *Inter Insigniores* versucht nun mit diesem Bild zu begründen, dass die Braut die Kirche/Gemeinde und der Bräutigam Christus darstellen. Auch frage ich mich, warum hier andere, für die heutigen Menschen aussagekräftigere Bilder wie das Bild des pilgernden Volkes Gottes keine Verwendung finden. Die kirchliche Tradition kennt viele Bilder und Symbole. Warum gerade das nehmen, welches von einer gewissen Unterordnung der Frau ausgeht?

Das Braut-Bräutigam-Symbol will das Verhältnis von Jesus Christus zur Kirche/Gemeinde darstellen und betont wieder, dass nur ein Mann der Bräutigam, also Christus selbst sein kann. Das schließt mit ein, dass die Frau dem Mann noch immer untergeordnet ist, und deshalb nur der Mann Jesus Christus repräsentieren kann, weil er das «Haupt» der Frau ist. Theologisch ist die Frau heutzutage nicht mehr untergeordnet. De facto: Dieses Argument ist *kein* Argument.

«Nur ein Mann kann Jesus Christus repräsentieren.»

Schon oft musste ich mir den Vorwurf gefallen lassen, «nur» eine Frau zu sein. Jesus Christus sei hingegen ein Mann gewesen. Deswegen könne ich als Frau nicht Jesus Christus, den Mann, repräsentieren. Das Mann-Sein sei wesentlich für die Ausführung des Priesteramtes. Dies sei so wesentlich, weil der Mensch ganz wesentlich durch sein Geschlecht bestimmt sei. Wirklich? Das glaube ich nicht. Denn es geht bei der «Repraesentatio Christi» um den gläubigen, getauften Menschen, aber kaum um das Geschlecht. Die Männlichkeit Christi ist inklusiv und sollte keinesfalls als Exklusivität missverstanden werden.

Heute zählt es zur Tradition, dass nur ein Mann den auferstandenen Christus am Altar vertreten kann, weil Christus selbst ein Mann war. In der Tradition der alten Kirche war diese Vorstellung aber kaum vertreten. Der frühe christliche Schriftsteller Tertullian beschreibt den Bischof als «personam Christi habentem». Das Wort «personam» bedeutet soviel wie Maske (in einer Theaterrolle). Der Bischof «spielt» die Rolle Christi. Aber – so schreibt Tertullian – nicht in Bezug auf die Eucharistie, sondern als Vorsteher der Gemeindeversammlung (vgl. 1. Clemensbrief 44,4). In der alten Kirche wurde das Amt im Hinblick auf die kirchliche Funktion verstanden. So war der Vorsteher der Eucharistie (Bischof) der Vorsteher der Gemeinde. Dass der Priester ein

Mann sein muss, um Jesus Christus in der Eucharistie zu vertreten, ist nicht einzusehen. Denn Christus wird in der Eucharistie von der ganzen Kirche vertreten als Leib des Herrn. Die «repraesentatio», die Vertretung Christi, bezieht sich auf das Handeln in der Vollmacht. Diese Vollmacht ist nicht an das Geschlecht einer Person gebunden. Auch Frauen können in der Vollmacht Christi handeln – eben weil sie getauft sind.[68] *In persona Christi* handeln heißt, nicht das Geschlecht Jesu Christi abzubilden, sondern dass Christus das Abbild der Sakramente ist (oder anders formuliert, dass der Priester / die Priesterin den auferstandenen Christus gegenüber der versammelten Gemeinde repräsentiert). *In persona Christi* handeln bedeutet ein zeichenhaftes Vergegenwärtigen auf Christus. In der Eucharistie ist der Geweihte ein Zeichen für das unmittelbare Handeln Gottes selbst. Dies bedarf in erster Linie der Berufung und eines Gnadenaktes durch Gott.

In *Inter Insigniores* werden eine Reihe von mittelalterlichen Theologen als Zeugen der Tradition zitiert, wonach die Frau aufgrund des Frau-Seins unfähig sei, die Priesterweihe zu empfangen. Genau genommen gibt es ein Argument, das der mittelalterliche Theologe Johannes Duns Scotus auf den Punkt bringt: «Weihe bedeutet einen bestimmten Grad der Überlegenheit über andere in der Kirche und zielt auf den Akt der Überordnung. Und eben dies muss durch die natürliche Vorrangstellung der Lebenssituation und des Ranges zum Ausdruck kommen. Nun aber befindet sich die Frau in Bezug auf den Mann in einem Zustand der Unterwerfung unter den Mann. Deshalb kann sie unmöglich einen Rang der Überordnung über irgendeinen Mann einnehmen; denn Frauen sind in Bezug auf Natur, Stand und Adel weniger vornehm als irgendein Mann. Infolgedessen hat der Herr nach dem Sündenfall die Frau der Herrschaft und Gewalt des Mannes unterworfen. Könnte die Frau in der Kirche geweiht werden, so könnte sie vorstehen und regieren, was ihrem Zustand widerspreche ... Die Frau ist keine geeignete Materie für den Empfang dieses Sakramentes.»[69] Das Lesen dieser

Zeilen bringt einem den Atem geradezu zum Stocken: Die Existenz der Frauen wurde als Affront gegen Gott angesehen, die das Bild Gottes zerstöre. Weil die Frau das Urbild der Schwäche ist, sei sie nicht würdig, den Sohn Gottes zu repräsentieren. Weil Frauen nicht als vollwertige Menschen betrachtet wurden, wurden ihr Wesen und ihre Erfahrungen nicht als allgemeingültige Metaphern und Symbole für Gott gebraucht. Die Frau ist, weil sie untergeordnet ist, keine «geeignete Materie» für die Priesterweihe. Es ist sehr bedauerlich und bedenklich zugleich, dass manche Gläubige und Amtsträger der katholischen Kirche im 21. Jahrhundert noch immer mit solchen Anschauungen und Argumenten aus längst vergangenen Zeiten argumentieren und somit nicht einmal ansatzweise der Frau in ihrem Sein gerecht werden. Zumal das Zweite Vatikanische Konzil von solch einer Unterordnung der Frau deutlich und unmissverständlich Abstand genommen hat.

Durch diese mittelalterliche Theologie, die sich in Bezug auf die Frauenfrage in der Kirche noch immer finden lässt, wird zum einen weiterhin an der Geringschätzung der Frau festgehalten, zum anderen wird dem priesterlichen Dienst ein höherer Rang, ja eine Überlegenheit zugeschrieben. – Eine Priesterweihe darf niemals Überlegenheit bedeuten. Denn dies würde die wahre Existenz und Sendung des Priesters zerstören. Denn: Priester-Sein ist Dienst!

Leider muss ich mir auch oft anhören, dass Gott ja alle Möglichkeiten habe. Er hätte sich ja auch als Frau inkarnieren* können (oder mich als Mann erschaffen können). Der geschichtlichen Bedingung nach war es aber notwendig gewesen, als Mann zur Welt zu kommen. Dass Gott sich im männlichen Geschlecht inkarniert hat, kann mit dem Ziel seiner Sendung gezeigt werden. In einer patriarchalen Gesellschaft konnte nur ein Mann Zeugnis ablegen. Um die Botschaft des Reiches Gottes zu verkünden, musste Gott die Welt so annehmen, wie sie war. Ohne sie dabei so zu hinterlassen, wie er sie im damaligen Patriarchalismus vorgefunden hat.[70]

Im Gottesdienst feiern wir in der Eucharistie Tod und Auferstehung Jesu Christi. Wer war noch gleich bei diesen wichtigen Ereignissen dabei? Richtig. Die Frauen. Bis zum bitteren Ende harrten sie unter dem Kreuz aus und waren die ersten am Grab. Die Frauen haben die Osterbotschaft vom leeren Grab zuerst verkündet und wurden damit zu Zeugen der Auferstehung Christi. Wenn und gerade weil das so war, dürfen Frauen nicht vom Altar ferngehalten werden!

Die Geschlechtlichkeit des Menschen ist Ausdruck der Gottesebenbildlichkeit (Gott erschuf sie männlich und weiblich). Daraus ergibt sich, dass es auch in Gott eine männliche und eine weibliche Dimension gibt. Wenn der Mensch von Gott als Mann und Frau erschaffen wurde, sind beide gleicherweise berufen, und Gott beruft den Menschen als Mensch, unabhängig von seiner geschlechtlichen Ausformung. Wenn es um das Heil des Menschen geht, ist Gott für alle Menschen da, weil für ihn Mann und Frau gleich gültig, gleichwertig sind! Durch den Glauben an Jesus Christus sind wir Söhne und Töchter Gottes. Durch Christus sind alle erlöst und haben somit die gleiche Teilhabe an seinem Heil. Durch die Taufe sind wir eins in Christus, und deswegen haben alle an der priesterlichen Würde teil. Wenn also jemand «in Christus ist [durch die Taufe], dann ist er eine neue Schöpfung» (2 Kor 5,17) und befähigt, *in persona Christi* zu handeln. So geht es bei der Fähigkeit, Christus zu repräsentieren, nicht um das Geschlecht, sondern um die Würde, die Gott uns allen geschenkt hat. Auch eine Frau kann in der Person Christi seinen Dienst vollziehen. Jesus wurde zwar Mann, aber zuallererst wurde er Mensch. Im Glaubensbekenntnis heißt es auf Latein: «et homo factus est». (Deutsch: «Und er ist Mensch geworden.») Es geht somit um die Menschwerdung und nicht um die Mannwerdung. Da die Betonung auf der Menschwerdung liegt, können Mann und Frau Christus repräsentieren. Denn *wir* sind eine «heilige Priesterschaft» (1 Petrus 2,5), Mann und Frau gemeinsam.

Fazit von *Inter Insigniores*

Die Argumente von *Inter Insigniores* sind biblisch-theologisch nicht haltbar, um den Ausschluss der Frau von Weiheämtern weiterhin aufrechtzuerhalten. Dieses Dokument hat einen geringen rechtlichen Verpflichtungsgrad, ist veränderbar und grundsätzlich reformierbar. Schon allein deswegen, weil die Argumente widerlegbar sind und in ihrer Logik und Kohärenz grobe Mängel aufweisen. Selbst eine große Priesterversammlung im November 1967 in Chicago war der Meinung, dass das Priestertum «keine theologische, sondern nur eine historische und soziologische Realität» und somit «nicht göttlicher Einsetzung, sondern menschlichen Rechts»[71] sei. Der damalige Ausschluss der Frau aus Kirchenämtern liegt nicht in der Heiligen Schrift begründet, sondern in den gesellschaftlichen Gegebenheiten der damaligen Zeit. Kann das Geschlecht einer Person wirklich eine Glaubensfrage sein? Ich glaube kaum.

Das Apostolische Schreiben *Ordinatio Sacerdotalis*

Nachdem die anglikanischen Kirchen in den USA und Deutschland Frauen zum Priesteramt zuließen und die theologische Diskussion darüber weiter geführt wurde, entschloss sich Papst Johannes Paul II., die hitzige Diskussion über das Frauenpriestertum durch das Apostolische Schreiben* *Ordinatio Sacerdotalis* im Jahr 1994 zu beenden. Dieses präsentierte keine neuen Argumente, sondern bezog sich einzig auf die Erklärung *Inter Insigniores* aus dem Jahr 1976. Die Schlussfolgerung des Schreibens ergibt sich aus dem Traditionsargument, dass nur Männer in den Zwölferkreis berufen wurden und es somit immer nur Männer als Priester gab und gibt. Papst Johannes Paul II. hat mit *Ordinatio Sacerdotalis* gleichzeitig ein strenges Denk- und

Diskussionsverbot erlassen. Die Verbindlichkeit des Dokuments ist höher, wobei es sich dabei nicht – weder der Form noch dem Inhalt nach – um eine letztverbindliche Lehre handelt. Die Frage nach dem Frauenpriestertum in der katholischen Kirche kann auch nach *Ordinatio Sacerdotalis* diskutiert werden. Ja, die Frauenfrage muss heute und auch in Zukunft beleuchtet und debattiert werden.

Ordinatio Sacerdotalis bestimmt die Frage um die Priesterweihe als «die göttliche Verfassung der Kirche», die an «alle Gläubigen der Kirche»[72] gerichtet ist. Das ist aber mit der Lehre des Zweiten Vatikanischen Konzils kaum vereinbar. Und da die Argumente von *Inter Insigniores* – wie oben dargetan – widerlegbar sind, kann und darf *Ordinatio Sacerdotalis* keine letztverbindliche Lehre sein, eben weil ihr die entsprechenden schlüssigen Argumente fehlen. Schon allein die Tatsache, dass der exegetische Befund der Päpstlichen Bibelkommission ignoriert wurde, zeigt doch, dass der Ausschluss der Frau von den Weiheämtern nicht plausibel begründet und wohl auch nicht in Übereinstimmung mit Gottes Plan stehen kann.

Weil die Diskussion trotz *Ordinatio Sacerdotalis* nicht verstummte, legten Papst Johannes Paul II. und die Glaubenskongregation knapp ein Jahr später, 1995, noch etwas nach. Die Glaubenskongregation erklärt in ihrem *Responsum* die Lehre von *Ordinatio Sacerdotalis* als «unfehlbar». Eine unfehlbare Lehre bedeutet, dass sie niemals geändert werden darf. Dies kann aber nur der Papst unter bestimmten Bedingungen verordnen.

Solange Zweifel oder Interpretationen bezüglich einer Lehre bestehen, ist sie nicht definitiv und somit änderbar.[73]

Die Argumente dafür, warum Frauen nicht Priesterinnen werden können, interessieren heute – wenn wir ehrlich sein wollen – kaum noch jemanden. Ja, sie werden ja nicht einmal verstanden. Einige sind immer wieder entsetzt darüber, dass das kirchliche Lehramt diese «Bastion der Männer» noch immer aufrechterhalten kann, und fragen sich, ob dieses dabei kein schlechtes Gewissen hat. Andere hören bei dem Thema gar nicht mehr hin, weil sie eine Argumentation erwarten, die keiner streng scholastischen Logik entnommen ist und wahllos Argumente heranzieht, die wissenschaftlich bereits allesamt längst widerlegt sind. So werden die lehramtlichen Argumente – auch wenn sie gebetsmühlenartig immer wieder vorgebracht werden – als schwach angesehen. Und doch hat das Lehramt offenbar weiterhin die Macht, solch eine Argumentation gegen Frauen aufrechtzuerhalten. Schon allein, weil das Frauenpriestertum ein erhebliches Konfliktpotential darstellt und emotional geladen ist, macht es wenig Sinn, dieses Thema offiziell zu verschweigen oder als «gelöst» zu betrachten.

So müssen Mittel und Wege gesucht und gefunden werden, um den Intentionen des gesamten Evangeliums zu folgen. Es braucht eine Entscheidung, die zeitgemäß und glaubwürdig zugleich ist. Um die Frage des Frauenpriestertums zu lösen, bedarf es Zeit, Aufklärungsarbeit und darüber hinaus einer Synode, da durch die lehramtlichen Schreiben der ganzen Thematik ein «definitives» Gewicht gegeben wurde, das nur durch eine Synode in genügendem Masse geklärt und neu beantwortet werden kann. Ich lege dem Lehramt der römisch-katholischen Kirche ans Herz, die Gleichstellung von Mann und Frau – da es sich nicht um eine Kernfrage des Glaubens handelt – in den Weiheämtern zu ermöglichen.

7. Kapitel

Sind wir nicht alle gleich?

Nach der Schöpfungsordnung (Gen 1,26ff) und auch christologisch gesehen, also in der Ordnung der neuen Schöpfung (Gal 3,28), herrscht unter allen Gläubigen eine Gleichheit und Ebenbürtigkeit. Und sind wir aufgrund der Geistesgaben (vgl. Apg 10,44-48) nicht auch alle dazu befähigt, von Gott zu gewissen Diensten berufen zu werden?

Dennoch wird oftmals von «Verschiedenheit» gesprochen (was ja auch an sich wahr und nicht zu verleugnen ist), was aber in gewissen Fällen oftmals eine Minderwertigkeit bedeutet. Denn von lehramtlicher Seite wird diese Verschiedenheit von Mann und Frau so verstanden, dass die Aufgaben der Leitung und Stellvertretung Christi dem Mann zugesprochen werden, die Frau hingegen fast alles machen darf, nur eben nicht Christus vertreten. Wenn Verschiedenheit zwischen den Geschlechtern so ausgelegt wird – was faktisch leider noch viel zu oft in der Kirche passiert – dann verharren wir letzten Endes doch in einem Unterordnungsmuster. Der Begriff der Würde wird oftmals gegen das Recht ausgespielt und die Besonderheit der Frau gegen die Allgemeinheit Mensch.[74] Das sieht man besonders im Apostolischen Schreiben *Mulieris dignitatem* (1988). Dort wird die Frau als ein anderes Wesen dargestellt, das wesentlich auf den Schutz der Männer angewiesen ist, das fürsorglich und vor allem mütterlich ist. Schnell lässt sich erkennen: Wenn die Frauen wirklich andere, fremde Wesen sind, ist aus ihrem Anderssein leicht ein Mangel für bestimmten Dienste in der Kirche abzuleiten. Mir scheint es, als würden Frauen auch heute noch in der Kirche als schützenswerte Wesen betrachtet werden. Natürlich, die Frau ist auch heute noch in vielen Kulturen Repressionen ausgesetzt, aber Frauen wollen selbst definieren, was und wer sie sind, und wollen gleiche Rechte nicht nur in der Gesellschaft, sondern auch in Bezug auf Ämter und Funktionen in der Kirche. Frauen sind kein Sonderfall und wollen auch nicht als solcher behandelt werden.

Solange die Unterordnung der Geschlechter in dieser Welt nicht beseitigt ist, wird das Reich Gottes nicht kommen. Es wird erst da sein, wenn es keine Unterordnung der Geschlechter mehr gibt (oder wenn zumindest mehr danach gestrebt wird, eine Geschlechtergleichheit herbeizuführen), und wenn das Verhältnis zwischen Mann und Frau wieder im Einklang ist. Da die Kirche sich im Auftrag sieht, dieses Reich Gottes zu errichten, muss sie genau dort anfangen, nämlich umdenken! Wie Jesus Christus handelt und wie er seine Gleichnisse einsetzt, zeigt er, dass er die untergeordnete Rolle der Frau als kontraproduktiv zur Gottesherrschaft ansieht. Er rückte die Ungleichbehandlung der Geschlechter nicht nur ins soziale und religiöse Licht, sondern verband den Aufbruch in eine Gleichheit aufs engste mit seiner Reich-Gottes-Botschaft, indem er Frauen zu Trägerinnen und Verkünderinnen seiner Auferstehung, seiner Botschaft macht. So widerspricht die Unterordnung der Frauen der Botschaft Jesu genauso wie die Unterdrückung der Menschen durch Sklaverei oder ein ungerechtes Steuersystem. Ziel soll es deshalb sein, zu einem partnerschaftlichen Miteinander zu gelangen.

Eine neue Freiheit in Christus

Eine Lehre, die von der Unterordnung der Frau ausgeht, entspricht nicht der Botschaft Jesu Christi. Denn im Römerbrief 8,1 heißt es: «So gibt es nun keine Verdammnis [Unterordnung] für die, die in Christus Jesus sind». Das neue Sein in Christus ist *eine christliche Freiheit*, die uns frei macht vom Gesetz und von den bisherigen Vorschriften (damit meine ich die starre Rolleneinteilung und die Zuschreibung, was die Frau tun kann und sein darf). Auch im Römerbrief 7,6 ist zu lesen: «Jetzt aber sind wir frei geworden von dem Gesetz, an das wir gebunden waren, wir sind tot für das Gesetz und dienen in der neuen Wirklichkeit des Geistes, nicht mehr in der alten des Buchstabens.» Die christliche Freiheit bedeutet, verfügbar zu sein für die Gnade Gottes und sich von ihr anzusprechen lassen. Es bedeutet nicht, dass es ein Verfügen über andere ist. Also eine starre Festlegung, wer was machen darf bzw. kann, nur weil er bzw. sie Mann oder Frau ist. Es meint ein Loslösen von unterdrückenden Traditionen und ein Freiwerden von jeglicher religiös begründeten Unterordnung.

Diese neue Freiheit schenkt uns die Möglichkeit zum Wandeln im Geist (vgl. Gal 6,16ff.), sie gibt uns die Möglichkeit, Kritik an Strukturen in der Kirche zu üben, die notwendig ist. Die neue Freiheit in Christus erlaubt das Träumen und das Festhalten an Visionen.

Durch die Taufe und durch den Glauben an Christus befindet sich der Mensch in einer neuen Schöpfung (vgl. 2 Kor 5,17). Um diese neue Freiheit, die Christus uns ermöglicht hat, auch wirklich leben zu können, braucht es ein Aufbrechen zu einer neuen Identität in Christus und ein Miteinander von Mann und Frau.

Die Sehnsucht zum Dienst

Für mich bedeutet das neue Sein in Christus, meine Berufung wahrhaft zu leben. Denn die sieben Sakramente sind eine wichtige Größe, etwas nicht Wegdenkbares für die Kirche und für meinen persönlichen Glauben. Ein Sakrament hat für mich besondere Bedeutung: Die *Eucharistie*. Das Zweite Vatikanische Konzil sagt in *Lumen gentium* Nr. 11, dass die Eucharistie «Quelle und Höhepunkt christlichen Lebens» sei. In meiner Jugend hat sich eine Sehnsucht zum Feiern der Eucharistie entwickelt, die nicht nachlässt, sondern immer größer wird. Im Gottesdienst dient der Priester Gott und der Gemeinde. Nur in Gemeinschaft kann das Sakrament der Eucharistie gefeiert werden. Gottes Dienst für die Menschen, danach sehnt sich mein Herz, das will ich machen und zwar im vollen Ausmaß. Papst Franziskus sagte einmal: «Es gibt eine Sehnsucht, die wir alle – ob ausdrücklich oder verborgen – im Herzen haben, alle tragen wir diese Sehnsucht im Herzen.» Auch ich trage die Sehnsucht zum Dienst in der Kirche in meinem Herzen. Mein Wunsch ist erst dann erfüllt, wenn ich Priesterin bin.

Die Sehnsucht, Priesterin zu werden, ist ein Bedürfnis, das so dringend ist wie Hunger und Durst. Ich sehne mich nicht nach Macht, sondern ich möchte einfach dienen.

So wie ein Mann bei seiner Priesterweihe «Hier bin ich» sagt, so möchte auch ich dies als Frau ebenfalls bezeugen und leben können. Ich möchte hier sein, um Gottes Dienst an und für die Menschen als Priesterin auszuführen. Ich möchte voll und ganz Priesterin sein, die Sakramente spenden können und predigen dürfen. Ich gebe mich nicht zufrieden, dass ich als Frau – aufgrund eines pastoralen Notstandes – auch vieles machen darf. Aber eben nicht alles. Und schon gar nicht das, was mir so im Herzen brennt: Gott und den Menschen zu dienen und als geweihte Priesterin die Eucharistie zu feiern. Auch wenn ich zahlreiche Dienste ausüben darf, geht es beim Einsatz um das Frauenpriestertum vor allem um eine spirituelle Entfaltung und um eine religiöse Vertiefung.

Die Hälfte der Menschheit würde ausgegrenzt werden, wenn sie nicht aus den Sakramenten schöpfen kann, was sie braucht, wenn berufene Frauen nicht das Sakrament der Weihe erhalten.

Der Taufe mehr Gewicht zusprechen

Als im Jahre 1923 Teresa von Avila zur Kirchenlehrerin ernannt werden sollte, lehnte Papst Pius XI. dies mit folgender Begründung ab: «Das Geschlecht steht dem entgegen.» Glücklicherweise wurde dieses Argument 1970 nicht mehr vorgebracht, und sie wurde zur Kirchenlehrerin erhoben. Doch diese Tatsache zeigt deutlich, dass die christliche Taufe in ihrer Wichtigkeit nicht erkannt wurde. Und auch heute wird das Geschlecht der Person nach wie vor höher bewertet als die Taufe. Noch 1917 waren Ministrantinnen verboten; sie durften erst 1994 offiziell den Ministrantendienst wahrnehmen. Im alten Kirchenrecht von 1917 heißt es in Canon 813: «Ein Priester soll keine Messe feiern ohne einen Ministranten, der ihn bedient und ihm die Antworten gibt. Messdiener darf keine Frau sein; wenn aber ein Mann fehlt, soll aus berechtigtem Grund nach der gleichen Verordnung eine Frau aus der Ferne antworten, und auf keinen Fall an den Altar herantreten.» Hier sieht man, dass die Taufe, die uns ein neues Sein in Christus schenkt, nicht ernst genommen wird. Auch wenn Frauen heute in der Kirche viel machen dürfen, wird der Taufe dennoch nicht die Aufmerksamkeit geschenkt, die ihr zusteht. Sollte nicht vielmehr die ganze Person mit all ihren Gaben die entscheidende Rolle spielen? Denn Gott schaut nicht auf den sozialen Status oder das Geschlecht, sondern auf den Menschen selbst (vgl. Röm 2,11).

Obwohl das alte Kirchenrecht von 1917 grundsätzlich überarbeitet und erneuert wurde, sieht man, dass dennoch Spuren des alten Rechts auch im neuen Kirchenrecht von 1983 (noch) vorhanden sind, denn auch da gibt es im gewissen Grad eine Geringschätzung der Taufe.

Aufgrund der Taufe sind wir in Christus alle gleich. Differenzen bestehen zwar noch, aber nicht in Bezug auf heilsrelevante Impulse. Durch die Taufe sind Mann *und* Frau zur Christusrepräsentanz fähig, und jegliche geschlechtlichen Differenzen spielen keine Rolle mehr. Wird das Geschlecht höher als die Taufe bewertet, findet eine Herabwürdigung der Frau in ihrem Menschsein statt. Das führt zu einem Glaubensproblem.

Die Taufe bedeutet für die Frau eine erhebliche Aufwertung. Im Judentum wurde nur der Mann beschnitten. Das Zeichen der Christen war aber die Taufe. Diese kam jedem Mann und jeder Frau unterschiedslos und vollwertig zu. Somit gehören sie alle zum Volk Gottes.

Was zählt, ist der Glaube an Jesus Christus. Er selbst sagte schon: «Meine Mutter und meine Brüder sind die, die das Wort Gottes hören und danach handeln» (Lukas 8,21). Im Neuen Bund zählen nur das Verhalten und der Glaube des Menschen. Im Glauben gewinnen Mann und Frau, theologisch gesehen, ihre volle Gleichheit. So müssen die Hingabe und die Berufung das Kriterium zur Zulassung zum Priesteramt werden.

Wenn Frauen gleichberechtigt werden in der Kirche, hat das sicherlich nichts mit der Anpassung an den Zeitgeist zu tun. Wenn wir wieder mehr auf die Taufe schauen, dann merken wir auch, dass nicht das Geschlecht zählt, sondern einzig die Nachfolge Christi.

Die Charta Oecumenica sieht in der gegenseitig anerkannten Taufe das Sakrament, das über alles Kirchentrennende hinweg von grundlegender Bedeutung ist. Die Taufe ist die Grundvoraussetzung für den Empfang anderer Sakramente. Das zeigt sich deutlich an der Einführung des Frauenpriestertums in der alt-/christkatholischen Kirche. Dort wird die Taufe höher bewertet als das Geschlecht.

8. Kapitel

Ist das Frauenpriestertum eine «Doublette der evangelischen Christenheit» (J.B. Metz)?

Schon einige Male wurde mir geschrieben: «Mit Frauen als Priester wären wir ja reformiert.» Das stimmt selbstredend nicht. Schließlich ist nicht das Frauenpriestertum ausschlaggebend dafür, dass es zu einer Trennung zwischen den Kirchen kam und wir seither durch die Ökumene versuchen müssen, wieder aufeinander zuzugehen. Auch mit dem Frauenpriestertum sind wir nicht reformiert, weil uns einiges im theologischen Verständnis unterscheidet und es auch in anderen Punkten noch weiterhin Unterschiede gibt.

Die Frage ist vielmehr: Wäre die Einführung des Frauenpriestertums in der katholischen Kirche nicht vielmehr im Sinne Jesu Christi, der Einheit wollte? Er wollte sicherlich keine Spaltung, sondern vielmehr eine Kirche, die sich gemeinsam auf den Weg macht, die Frohe Botschaft zu verkünden. Wäre die Einführung des Frauenpriestertums in der katholischen Kirche nicht gerade ein Schritt in die richtige Richtung und ein wahrer Schritt der Ökumene?

Das Problem mit der Ökumene ...

Papst Johannes XXIII. sagte einmal: «Das, was uns verbindet, ist viel stärker als das, was uns trennt.» Würde die katholische Kirche das Frauenpriestertum einführen, wären wir noch einen Schritt weiter in der Ökumene – zumindest mit den evangelischen Kirchen. Das Frauenpriestertum wäre eine weitere Etappe auf dem ökumenischen Weg.

Aber mit der orthodoxen Kirche dürfte es Probleme geben. Denn dort sind die Weiheämter den Frauen ebenfalls verschlossen wie in der römisch-katholischen Kirche. Obwohl es aus den eigenen Reihen viele positive Äußerungen über die Frauenordination gibt, würde die Zulassung der Frauen zur Weihe weitere Probleme – zumindest im Bereich der Ökumene – mit sich bringen. Ich bekomme oft Briefe, Mails und Rückmeldungen von Theologen, Priestern und Ordensmännern, die ebenfalls für eine Öffnung der Weihe für die Frau plädieren. Allesamt stimmen sie mir zu: «Es wird irgendwann Priesterinnen in meiner römisch-katholischen Kirche geben. Nur wann, das ist die Frage.» Doch einige merken besorgt an: «Wird es zu einem Bruch mit der Ostkirche kommen?»

Während eines Gesprächs mit einem rumänisch-orthodoxen Freund gestand er mir, dass er sich für mich und die katholische Kirche freuen würde, wenn es das Frauenpriestertum gäbe. Als ich nachfragte um zu wissen, ob er es auch in der orthodoxen Kirche gut fände, Frauen als Priesterinnen zu haben, schüttelte er kräftig den Kopf. Auch unter orthodoxen jungen Frauen habe ich die Erfahrung gemacht, dass sie es nicht nachvollziehen können, dass ich Priesterin werden möchte. Sie sagten mir, dass die größte Würde der Frau die Mutterschaft sei und ich doch Ehefrau werden könnte.

Die Einführung des Frauenpriestertums in der katholischen Kirche könnte die Ökumene mit den Ostkirchen einschlafen lassen, da diese sich nicht sehr offen für diese Thematik zeigen.

Einige Bischöfe aus der orthodoxen Kirche sehen das Verlangen der Frau zum Weiheamt als eine «zeitgenössische Modeerscheinung» (Erzbischof Athenagoras von Thyateira und Großbritannien). Der Wunsch nach dem Frauenpriestertum sei nur ein Trend, der die christliche Botschaft verfälsche.

Aber nicht alle in der orthodoxen Kirche denken so. Kallistos Ware, Bischof des Ökumenischen Patriarchats von Konstantinopel in Großbritannien, sieht das Thema des Frauenpriestertums dennoch als eine offene Frage.[75] Und auch der orthodoxe Theologe Theodor Nikolaou ist der Meinung, dass die ablehnende Haltung der Frauenordination nicht endgültig gelten solle, und plädiert denn auch dafür, die Argumente, die gegen das Frauenpriestertum gebracht werden, zu überdenken.[76]

«Frauen können nicht berufen sein.» – Ist das so?

Papst Franziskus sagte: «Die Berufungen entstehen im Gebet und aus dem Gebet; und allein im Gebet können sie Bestand haben und Frucht tragen.» Immer wieder muss ich aus eher konservativen Kreisen hören, dass meine Berufung eine Einbildung sei. Denn eine Frau kann nicht berufen sein. Nur Männer können von Gott zu Priestern berufen werden. Ich dagegen muss mich ständig rechtfertigen, weil eine Frau anscheinend nicht Gottes Ruf erhalten kann. Gott sei nicht fähig, Frauen zum Priestertum zu berufen und schon gar nicht, sie zu befähigen, dieses Amt auszuführen. Das ist meiner Meinung nach eine ziemlich große Anmaßung, weil kein Mensch weiß, wen Gott berufen will oder kann. Was für ein Gottesbild hat man, wenn man so eingeschränkt von Gottes Gnade denkt und Gott zutraut, er könne keine Frau berufen? Unterschätzen wir mit solch einer Ansicht nicht Gott in seiner Größe?

Wenn mir gesagt wird, dass ich nicht berufen sein kann, wird manchmal hinzugefügt: «Wenn Sie ein Mann wären, könnten wir Sie gebrauchen.» Welche Ironie.

Roy Bourgeois, ein ehemaliger römisch-katholischer Priester aus den USA, sagte: «Wer sind wir, als Männer, dass wir den Frauen sagen: Unser Ruf ist gültig, aber euer Ruf nicht?» Pater Roy setzt sich für die Rechte der Frau ein. Nicht nur das, er bekam den Aachener Friedenspreis verliehen, weil er sich in Amerika gegen Krieg und Gewalt engagierte. Pater Roy wurde bedauerlicherweise von der katholischen Kirche im Jahr 2008 exkommuniziert, weil er sich für das Priesteramt der Frau wiederholt einsetzte. Und doch hört er nicht auf, sich für die Gleichberechtigung der Frau in der Kirche einzusetzen. Es ist immer wieder traurig zu erfahren, dass das Sprechen über die Frauenweihe und die Forderung derselben als so hochgradig gefährlich eingestuft werden, dass ein Kirchenmann exkommuniziert wird. Für weitaus schlimmere Taten in der Kirche werden oft mildere «Strafen» ausgesprochen. Es ist für mich unbegreiflich, dass ein Priester, der sein Leben lang für Solidarität und Gerechtigkeit kämpfte und erkannte, dass Frauen auch berufen sein können, einfach exkommuniziert wird und seine Stelle in der Pfarrei verliert.

Warum darf ein Mensch nicht das sagen dürfen, was in seinem Herzen brennt? Warum darf er sich nicht offen dazu äußern? Und warum erhält er für ein gerechtes Anliegen, das als Ungerechtigkeit zum Himmel schreit, auch noch die kirchliche Höchststrafe, die Exkommunikation? Es ist doch kein Verbrechen, sich für die Rechte von Frauen einzusetzen, die zum Priestertum berufen sind. Unter dem Pontifikat von Papst Benedikt XVI. offenbar schon. (Unter Papst Franziskus sind mir solche Fälle nicht bekannt.)

Unterdrückung der weiblichen Berufung

Eine Frau kann nicht ganz Frau werden oder weiblich sein, wenn Männer sie ständig in ihrem Sein herabwürdigen und ihr nicht das Gleiche zusprechen (oder besser: zutrauen) wie Männern. Ich kenne viele Frauen, die selbst heute unter dem Pontifikat Franziskus´ (unter Franziskus können einige Dinge offener angesprochen werden, ohne dabei Angst vor der Exkommunikation haben zu müssen) in ihrer Berufung unterdrückt leben. Sie haben Angst sich zu öffnen, sei es, weil sie dann ihre Arbeitsstelle in der Kirche verlieren oder Repressionen in der Familie oder in der Kirchgemeinde erleiden müssen. Immer wieder erhalte ich Briefe und E-Mails von Frauen, die sich deswegen nicht offen für ihre Berufung aussprechen können.

Eine Kommilitonin erzählte mir einmal, dass sie froh ist, dass ich einen «offenen Kampf» führe für sie und für alle Frauen, die schweigen (müssen). Denn sie könne ihre Berufung noch nicht bekanntgeben, weil sie Angst habe, dass sie umsonst so lange Theologie studiert hätte und sie unbedingt in der Kirche arbeiten möchte. Eine junge Afrikanerin erzählte mir, dass eine Frau in ihrer Gemeinde mit keinem Pfarrer über ihre priesterliche Berufung sprechen könne. Sie – und sie sprach nur aus der Erfahrung ihrer Heimatgemeinde – wusste, dass sie mit einem solchen Anliegen nicht zu ihrem Pfarrer gehen könnte. Zu groß war die Angst, dass dieser sie wegen ihrer Berufung unterdrückt oder ausnutzt. Und das meinte sie nicht nur seelisch.

«Warum wirst du nicht evangelisch?»

Erst vor kurzem wieder sagte mir ein junger katholischer Pfarrer, wenn ich doch Priesterin werden möchte, solle ich doch konvertieren. Für ihn ist das einfach zu sagen. Er kann seine Berufung schließlich leben. In der evangelischen oder der altkatholischen Kirche sei das – so sagte er – für die Frauen kein Problem. Obwohl er wusste, weshalb ich römisch-katholische Priesterin werden will –weil eben die römisch-katholische Kirche meine Heimat ist, die sieben Sakramente für mich von hoher Bedeutung sind und ich auch die kirchlichen Ämter (Bischof, Priester, Diakon) mit dem Papst an der Spitze anerkenne und mich überhaupt durch alle Fasern hindurch römisch-katholisch fühle – forderte mich dieser katholische Priester zur Konversion auf. Durch diese Aufforderung kommt er – vor allem als

Pfarrer – eigentlich nicht seiner Pflicht nach, die Menschen im Heil zu «erhalten». Das Denken «extra ecclesiam nulla salus», also dass es außerhalb der Kirche kein Heil gebe, ist mit dem Zweiten Vatikanischen Konzil zwar überwunden worden, dennoch sagt das Dekret über den Ökumenismus *Unitatis redintegratio* Nr. 3 aus dem Jahr 1964: «Nur durch die katholische Kirche Christi, die das allgemeine Hilfsmittel des Heiles ist, kann man Zutritt zu der ganzen Fülle der Heilsmittel haben.»

Ist es somit nicht ein grober Fehler des Pfarrers, mir plump die Konversion zu empfehlen?

Es gibt viele römisch-katholische TheologInnen, die inzwischen protestantische, christkatholische oder altkatholische PfarrerInnen geworden sind und mit ganzer Überzeugung ihr Amt ausüben. Für sie war es ein notwendiger und richtiger Schritt. Für mich – und das wusste der Pfarrer auch – würde dies nicht in Frage kommen. Solch eine Empfehlung dann auszusprechen, ist nicht nur dreist, sondern widerspricht auch der heutigen Theologie. Selbst wenn ich protestantisch werden würde, würde mein Herz dennoch römisch-katholisch schlagen. Ich fühle mich in der katholischen Kirche wohl und allein schon wegen meiner Berufung kann ich nicht konvertieren.

Auch werde ich des Öfteren zur Konversion aufgefordert, weil ich mit meinem Auftreten ja die Kirche zu sehr aufwirbeln und sie unnötig strapazieren würde. So erhielt ich vor kurzem eine Mail von einem 23-jährigen Polen, der mir schrieb: «Ihr Theologiestudium scheint gewisse Lücken aufzuweisen oder Sie sind darauf aus, der Kirche zu schaden. Meine Generation aus Osteuropa hat Euch deutsche Glaubensrelativierer mehr als satt. Gehen sie doch zu einer der unzähligen aufgeweichten protestantischen Gemeinden (sic!). Sie haben wenig von unserem Glauben verstanden und sind nicht christlich. [...] Schämen sollten sich auch ihre Ausbildner und die deutschen Bischöfe, dass sie unseren Glauben zerstören.» Ja, damit muss man leben. Dennoch zu behaupten, die protestantischen Kirchen seien aufgeweicht, ist ein Schlag ins Gesicht der Ökumene. Und es ist auch anmaßend, den deutschen Bischöfen vorzuwerfen, sie würden den Glauben zerstören.

Wie hier zu sehen ist, lassen mich die Gegner des Frauenpriestertums deutlich wissen, dass sie Frauen am Altar vollständig ablehnen. Allerdings haben sie kein Problem damit, wenn es in der Christkatholischen oder der Anglikanischen Kirche Frauenpriester gibt. Seltsam finde ich auch den Ausspruch «Haltet die Frauen vom Altar fern», und gleichzeitig sind es Frauen, die den Altar schmücken und ihn reinigen. Gerade die Bibelstelle, in der Martha in der Küche arbeitet und Maria Jesus zuhört, zeigt doch, dass Jesus in den Frauen nicht nur Reinigungspersonal sieht.

9. Kapitel

Die Angst vor Frauen?

Ich spüre oftmals, dass manche Menschen Angst vor Frauen in priesterlichen Funktionen haben. Nicht, dass mir Männer (und auch wenige Frauen) ins Gesicht sagen würden, dass sie Angst hätten. So etwas spürt man einfach. Ich spüre, dass sie (vor allem Männer) Angst vor dem Anderen, dem Unbekannten haben. Es geht dabei natürlich auch um eine Angst vor dem Machtverlust. Wird es so bleiben, wenn auch Frauen das gleiche dürfen? Natürlich: Wenn Frauen Priesterinnen sind, verändert das unser Bild von der Frau als passivem Wesen, das regiert wird. Davor haben manche Angst. Die Aufwertung der Frau bedeutet automatisch ein Verlust von Kontrolle. Teilweise spielt auch Angst vor Leiblichkeit und Sexualität mit. Diese eigenen Ängste werden dann auf Frauen projiziert, die zur «bösen Eva» gemacht werden. Ja, es handelt sich um eine Ökumene der Angst vor Frauen. So ist das Frau-Sein verantwortlich für die ganze Problematik. Das Frau-Sein ist eine unüberschreitbare Grenze für das Priestertum. Doch gibt es nicht auch Kleriker mit «weibischem» Benehmen?

Die Frauenfrage darf nicht auf eine Strukturfrage reduziert werden. Auch darf die Strukturkrise nicht gegen die Glaubenskrise ausgespielt werden. Die Kirchenmänner müssen ernsthaft damit beginnen, ihre Macht(erhaltungs)struktur in Frage zu stellen. Wenn dies nicht geschieht, wird die Kirche den Weg aus der Vertrauenskrise nicht schaffen.

Die Priesterweihe für die Frau wäre kein Verrat an Jesus Christus und dem Evangelium. Es ist vielmehr ein Verrat an der Botschaft Jesu Christi, wenn das Weiheamt der Frau verschlossen bleibt. Dabei steht vielmehr der missionarische Auftrag der Kirche auf dem Spiel.

Die «Frauenkrise» der Kirche?

Es stimmt wohl: Die katholische Kirche wird von Männern geleitet und «regiert». Dieser Institution einer reinen «Männerkirche» stehen mehr und mehr KatholikInnen skeptisch gegenüber. Für die Dreharbeiten des Dokumentarfilmes «Jesus und die verschwundenen Frauen» ging ich zusammen mit der Filmemacherin und dem Kameramann in eine Kirche. Die übliche Stille war dort nicht zu finden, sondern ein lautes Surren erschallte bis unter die Kirchendecke. Eine ältere Dame huschte mit ihrem Staubsauger durch die Kirchenbänke. Sie erzählte uns, dass sie schon jahrelang Woche für Woche diese Kirche saugt, putzt und die Blumengestecke für den Altar anfertigt. Sie ist eine Frau im Hintergrund, die die Kirche in ihrem Glanze erstrahlen lässt. Sie ließ uns deutlich wissen, dass Frauen nicht nur im Hintergrund agieren, sondern auch höhere, sichtbare Positionen in der Kirche einnehmen sollten, und damit meinte sie nicht bloß das Sitzen in einem Gremium des Erzbischöflichen Ordinariats. Auch wenn die Basis meist ausschließlich von Frauen getragen wird, bleibt die definitorische und institutionelle Macht bei den Männern. Die wahre Anerkennung der Frau gibt es nur formal auf dem Papier.

Die Kirche steckt in einer «Frauenkrise», weil es theologisch keine stichhaltigen Argumente gegen die Weiheämter der Frauen gibt und sie dennoch an deren «Alleineigentum» klammert. Wird die Kirche uns aus der Krise herausführen, indem sie ihre Türen für die Weihe der Frau öffnet?

Das Wort Krise kommt aus dem Griechischen «krisis» und bedeutet Unterscheidung oder Lichtung. Die Krise der Kirche mit den Frauen bedarf einer Vertiefung und ruft auch nach Wandel. Wie die Krise ausgeht, hängt von der Kirche selbst ab. Es hängt aber auch von der Offenheit für die «Zeichen der Zeit», vom Geist der Verantwortung und Mitverantwortung ab, wie und vor allem wann in dieser Frage eine Lösung gefunden wird.

Die Krise muss überwunden werden, damit Licht ins Dunkel dringt. Die Frage nach dem Frauenpriestertum ist keine Krise der Frau, sondern eine Krise der Kirche, die alsbald gelöst werden muss. Es braucht das befreiende Licht des Evangeliums. Dieses Licht darf durch das Festklammern an vergangenen Traditionen und veralteten Denkmustern nicht unter den Scheffel gestellt werden. Um eine Krise zu überwinden, müssen neue mutige Schritte unternommen werden. Die Kirche muss sich von zweitrangigen Traditionen befreien und mit Blick auf das unverkürzte Evangelium die Frische des Glaubens verkünden.

So oft höre ich, dass man für Priesterberufungen beten soll, weil sich immer weniger Männer für den Priesterdienst entscheiden.[77] Doch gibt uns der Heilige Geist nicht gerade durch sein Nichthinhören auf unser Gebet ein Zeichen? Will er vielleicht, dass wir über den Tellerrand hinausschauen? Denn neben dem Teller des zölibatär lebenden Mannes finden sich einige Berufungen von Frauen und verheirateten Männern. Der Heilige Geist ist der Geist der Wahrheit und der Freiheit (vgl. 2 Kor 3,17; 1. Joh 2,20). Er verteilt seine Gaben freigebig (vgl. 1 Kor 1,7). Er scheint es nicht gern zu haben, in menschengemachte Gesetze gedrängt zu werden, die ihm vorschreiben, wie er zu wirken hat.

Die Frage um die Stellung und Würde der Frau in der katholischen Kirche ist nicht ein Problem der Frauen, die sich nicht in die vorgegebenen Rollen einreihen wollen oder können. Nein, es ist ein Problem der Kirche, die immer mehr an Glaubwürdigkeit verliert. Es bedarf der angemessenen Reflexion über dieses Thema und der ernsthaften Auseinandersetzung. Gerade hier dürfen Frauen, die sich berufen fühlen, nicht fehlen. Ist es nicht komisch, über Frauen zu sprechen, ohne Frauen dabei zu haben? Ist es nicht komisch, über das Frauenpriestertum zu sprechen, ohne dabei mit den Frauen, die jetzt schon bereit wären, diesen Dienst in der Kirche zu erfüllen, in Kontakt zu treten? Eine Entscheidung, eine Lösung *für* die Frauen kann nur *mit* den Frauen geschehen. Und vor allem mit Frauen, die dies auch wirklich wollen. Zu sagen, im Gremium sitzen Frauen, denen es reicht, wenn die Frau «einfache Ämter» wahrnehmen darf, ist zu kurz gefasst. Gerade Frauen, die sich berufen fühlen, müssen in dieser Diskussion eingebunden werden. Schließlich gehören die Frauen zum Leben in der Gesellschaft. Sie machen (mehr) als die Hälfte aller Gläubigen in der Kirche aus.

Über Jahrhunderte hinweg hat die katholische Kirche den herrschenden Patriarchalismus angenommen und ihn sogar geistlich überhöht. Darum sind Frauen, die sich in der Kirche für Emanzipation und Gleichbehandlung einsetzen, für eine immer kleiner werdende Zahl patriarchal denkender Gläubiger in der Kirche eine kaum überwindbare Zumutung. Aber ebenso ist eine in patriarchalen Mustern gefangene Kirche eine Zumutung für die Frauen in der Kirche. Denn diese wird oft nicht ernst genommen und unterschätzt. Diese Krise kann aber nur dann überwunden werden, wenn der Patriarchalismus in der Kirche aufgebrochen wird – und das bedeutet sicher keinen Bruch mit der Tradition. Die «verkrustete» Kirche muss sich fragen, ob sie es sich erlauben kann, weiterhin die Frau als «anderes Wesen» anzusehen und zu behandeln, denn ohne jene Frauen in der Kirche ist sie nicht zukunftsfähig. Denn wenn diese nicht mehr das Evangelium glaubwürdig verkünden können, wer gibt es dann an die Kinder weiter, die doch die Zukunft der Kirche sind?

Die katholische Kirche ist die letzte Bastion des Männlichen. Doch durch die neue Ordnung der Geschlechter schwindet nach und nach auch in der katholischen Kirche die letzte Bastion kirchlicher Macht der Männer. Die Nichtzulassung der Frau zum Priesteramt scheint auch eine letzte Bastion eines standhaften Sexismus zu sein. Viele, vor allem Frauen, verlassen deswegen still die Kirche. Die Kirche steht aber in der Pflicht, für die Menschen da zu sein und moralisch korrekt zu handeln. Darum braucht es einen «radikalen Wandel im Selbstverständnis der Männer» und «tiefgreifende Mentalitätsänderungen». Das erkannte bereits die Deutsche Bischofskonferenz.[78] Auch bestätigt sie, dass einige gesellschaftliche Entwicklungen auch in der Kirche nachgeholt werden müssen. Es handelt sich dabei sicher nicht um eine Anpassung, sondern es geht um das Evangelium selbst. Denn das Evangelium nimmt Abstand von jeglicher Benachteiligung und Diskriminierung aufgrund des Geschlechts. Die Krise der Kirche mit den Frauen kann überwunden werden, wenn wieder genauer auf das Evangelium gehört wird.

Theologie der Frau

Ich denke nicht, dass Papst Franziskus das Frauenpriestertum einführen wird. Dafür hat er genügend andere Reform-Baustellen, die er zu bearbeiten und zu betreuen hat. Der jetzige Papst stammt aus einem Kulturkreis, in dem die Beteiligung der Frau selbstverständlich ist, der Zugang zu Weiheämtern aber weiterhin (bislang) nicht möglich ist. Er selbst spricht von dem Bild der «Tür, die verschlossen ist». Ja, Papst Johannes Paul II. hat die Türe zur Frauenweihe (fälschlicherweise) geschlossen. Aber Papst Franziskus – als Bischof von Rom – hat den Schlüssel, diese Türe zu öffnen. Sie kann eines Tages geöffnet werden. Und sei es, dass er diesen Schlüssel an seinen Nachfolger weitergibt. Viele Frauen – eingeschlossen ich – warten auf den Tag, an dem das «Niemals» von Papst Johannes Paul II. umgewandelt wird und wie folgt lautet: «Es ist im Sinne des Evangeliums und gleichzeitig eine Bereicherung für das ordinierte Amt, wenn Frauen zu Priesterinnen in der katholischen Kirche geweiht werden.»

Dass in der Kirche eine Rollenverengung vorliegt, fällt an den Gedanken von Papst Franziskus auf, wenn er sagt, «dass die Kirche nicht `die Kirche´ ist. Sie ist *die* Kirche. Die Kirche ist eine Frau! Eine Mutter. Und das ist schön. Wir müssen mehr darüber nachdenken.» Hier wird die Mutterschaft angesprochen, um das weibliche Wesen definieren zu wollen und es auf das Sein der Kirche zu übertragen.

Papst Franziskus sprach sich in einem Interview der italienischen Tageszeitung «Il Messaggero» im Juni 2014 dafür aus, dass es eine «Theologie der Frau» braucht. Dabei bleibt der Genitiv unklar. Ist es eine Theologie von Frauen oder eine Theologie über Frauen? Was genau meinte er damit? Und: Brauchen wir wirklich eine Theologie der Frau?

Die Frauenfrage ist keine isolierte Frage, die nur das eine Geschlecht betrifft. Da der Mensch als Mann und Frau erschaffen wurde und beide Geschlechter zueinander in Beziehung stehen, schließt die Frauenfrage auch die Männerfrage mit ein. Es ist somit eine Menschenfrage. Es bedarf daher vielmehr einer Theologie des Menschen statt einer Sonderbehandlung der Frau. Es braucht endlich eine neue Anthropologie der Geschlechter. Nicht unbedingt eine Theologie der Frau, denn dies ist wieder nur eine Sonderbehandlung eines anderen Wesens. «Sondertheologien» sind stets ein Zeichen dafür, dass eine Mangelerscheinung und eine Abweichung bestehen.

Die Frage, die mich beschäftigt, ist: Warum bedarf es immer wieder Lehrschreiben über und für Frauen? Warum bedarf es einer neuen Theologie der Frau? Gibt es Theologien des Mannes? Weshalb ist nicht eine neue Theologie der Geschlechterrelationen wichtig? Sollten nicht vielmehr Mann und Frau gemeinsam in den Blick genommen werden? Und bedarf es aufgrund der Frau vielleicht einmal gar ein Lehrschreiben über den Mann?

Es herrscht noch oft die Annahme vor, dass Geschlechterrollen in der biologischen Differenz von Mann und Frau verankert sind. Diese Annahme ruht aber auf einem «naturalistischen Fehlschluss». So können rechtliche Normen grundsätzlich nicht unter Verweis auf natürliche Gegebenheiten begründet werden.[79] Aber auch der Schutz der Männer Frauen gegenüber, sie würden im öffentlichen Raum nur vermännlicht werden, beruht auf einem naturalistischen Fehlschluss.[80]

Die katholische Kirche hat es versäumt – obwohl das Zweite Vatikanische Konzil ernsthafte Bemühungen unternahm –, theologische Reflexionen zur Aufwertung der Frau und deren rechtliche Umsetzung zu machen.

Es bedarf eines Frauenbildes, das die vielfältigen Lebenswirklichkeiten der Frauen in den Blick nimmt und ein zeitgemäßes «Frau-Sein» darstellt, ohne die Frau nur als Mutter, Ehefrau oder Jungfrau zu sehen. Gegenüber Frauen, die Mütter werden möchten, dies aber nicht können, ist das sehr verletzend. Diese Vielfalt von Dasein muss akzeptiert und gefördert werden. Auch darf die Frau nicht mehr (nur) als schützenswertes Wesen gesehen und behandelt werden.

«Die Frau ist noch immer unrein.»

Einige «Hartgesonnene» sehen die Frau aufgrund der Geschlechterideologie der letzten Jahrhunderte noch immer als unrein an. Eine Frau schrieb mir einmal, dass sie nicht mehr den Gottesdienst besuchen bzw. nicht mehr zur Kommunion gehen würde, wenn eine Frau am Altar stünde. Sie erklärte diese Auffassung mit der Begründung, dass eine Frau aufgrund der Menstruation unrein sei und deswegen die Eucharistie und auch andere Sakramente «verunreinigen» würde. Ferner fügte sie hinzu, dass es noch schlimmer sei, wenn eine Frau dazu noch verheiratet wäre, denn dann würde sie sich mit dem ehelichen Verkehr gleich doppelt verunreinigen. Dies sind natürlich sehr extreme und in uralten Grundmustern gefangene Ansichten, die in der breiten Bevölkerung kaum mehr zu finden sind. Ich glaube, dass eine junge Frau heute nicht das Argument der Unreinheit ins Feld rücken würde, um zu sagen, warum sie nicht Priesterin werden kann. Die Theorie der Unreinheit, und somit der Unfähigkeit der Frau zur Ausführung von Ämtern, ist sehr alt. Platon spricht zwar Mann und Frau gleiche Fähigkeiten zur Erfüllung der Aufgaben im Idealstaat zu, hält aber dennoch an der Minderwertigkeit der Frau fest. Die Frau hat naturgemäß ebenso wie der Mann Anspruch auf alle Beschäftigungen, doch bei allem ist die Frau aber schwächer als der Mann. Für Aristoteles ist die Beziehung zwischen Mann und Frau einander ergänzend und hierarchisch. Sie besteht aus Herrschen und Dienen. Die Frau vertritt dabei das leidende und aufnehmende Prinzip, sie ist passiv. Der Mann gilt als aktiver Teil und als ein vollkommeneres Wesen als die Frau. Die Unterschiede der Geschlechter, so Aristoteles, sind eine naturgegebene Differenz. Darum kann die Frau nicht als gleichwertiges Mitglied des Staates betrachtet werden und erhält somit nicht die gleichen Rechte zugesprochen. Die Rechte der Mitglieder der altgriechischen Stadtstaaten gelten nur unter Freien und Gleichen. Auch hat die Frau unter der Autorität des Mannes zu stehen. Weil der Wesensunterschied der Geschlechter qualitativer Natur ist, können zwangsläufig nur freie Männer im Staat politische Ämter ausüben. Und die Römer fügten hinzu, dass die Frau zu wenig Hitze habe. Das alles führte letztlich dazu, dass der Mann, weil er das «höhere» Wesen sei, politische und kirchliche Ämter ausüben könne, die Frau, die eine zu geringe Körper- und Geisteskraft besitze, sei für die Sünde leicht anfällig und deshalb für das Priestertum nicht geeignet.

Auch das Judentum sah die Frau als unrein an. Während der Menstruation oder nach der Geburt von Kindern galt sie als unrein und konnte jeden, den sie berührte, verunreinigen. Sie wurde von Natur aus (wegen ihrer Rippenherkunft) und wegen der Sünde Evas als zweitrangig angesehen. Die Analogie, dass Frauen, weil Eva gesündigt hat, sündhaft und böse wären, ist natürlich falsch. Denn Eva hat als Frau zwar gesündigt, aber nicht, weil sie eine Frau war.

Im Urchristentum dagegen wurde dieses Denken von Unreinheit und Angst vor der Gefahr der Sexualität überwunden. Dort grüßten sich die Christen mit dem «heiligen Kuss» (vgl. 1 Petr 5,14). Bei der Taufe stiegen die Taufanwärter unbekleidet in das Taufbecken. Doch in späterer Zeit fiel man in die alten Muster wieder zurück. Dies führte dazu, dass Männer durch gesellschaftliche Vorschriften Frauen in unterschiedliche Rollen verwiesen und ihnen weniger zutrauten.

Selbst im 19. Jahrhundert pflegte man noch diese vorchristliche Sicht der Minderwertigkeit der Frau, was der Ausspruch des Freiburger Theologen Alban Stolz (1808–1883) belegt: «Das weibliche Geschlecht ist nicht nur dem Körper nach, sondern auch geistig schwächer als das männliche Geschlecht; daher ist es nicht nur eine seltene Ausnahme, sondern gewissermaßen eine Unnatur, wenn ein Weib in Kunst oder Wissenschaft etwas Bedeutendes leistet.»

In einer approbierten Instruktion* von 1949 erklärte der Papst, dass Frauen (Nonnen eingeschlossen) nur aus der Ferne die Antworten der Ministranten sprechen dürfen. Und es wurde hinzugefügt, dass eine Nonne, die in der Messe dem Altar zu nahe kommt, eine schwere Sünde begehe. Was für eine Sicht von Frauen herrscht dort? Die angebliche Unreinheit und Sündhaftigkeit der Frau war lange ein Argument, um der Frau die Übernahme von liturgischen Funktionen im Gottesdienst (z.B. Ministrantendienst) abzusprechen. Ich selbst habe so etwas schon einmal erlebt. Als der lebensfrohe und charismatische Stadtpfarrer meiner Heimatpfarrei in den Ferien war, kam ein Pfarrer der Nachbarpfarrei, um den sonntäglichen Gottesdienst zu feiern. Wie so oft teilte ich mich als Ministrantin zum Altardienst ein. Ich war also zuständig dafür, Brot, Wein und Wasser an den Altar zu tragen. Der Altar der Stadtkirche ist von vier großen Leuchtern umgeben. Wie gewohnt von meinem Pfarrer brachte ich die Gaben bis direkt an den Altar. Der Aushilfspfarrer – als er sah, dass ich schon mit einem Fuß vor den Kerzen stand, also bereits im Altarbereich – rannte mir förmlich entgegen, damit ich mich ja nicht noch weiter dem Altar nähere. Ich merkte sofort, dass er Ministrantinnen nicht gutheißte, aber akzeptieren musste. Er ließ mich spüren, was er vom weiblichen Geschlecht hielt, und ich hatte die ganze Zeit das Gefühl, dass er mich als «unreines, sündhaftes Wesen» betrachtete. Vielleicht war diese Haltung nicht bewusst abwertend gegenüber Frauen, aber da ich bereits des Öfteren Gottesdienste bei diesem Pfarrer besucht hatte, wusste ich, dass er die männlichen Ministranten anders behandelte.

Eine Befreiung der Frau

Ich glaube, dass die Einführung des Frauenpriestertums eine Befreiung der Frau aus alten Strukturen und Zuweisungen darstellt. Die Frau wurde zu lange als untergeordnetes Wesen betrachtet, das beschützt werden muss. Und gerade als Kirche, die das Heil in die Welt bringt und die Frohe Botschaft des befreienden Evangelium verkündet, muss sie sich eingestehen, dass einiges schief lief, dass man sich einer griechisch-römischen Philosophie der Unterordnung bediente und die Frau somit unter den Mann stellte. Ja, Frauen wurden noch im alten Kirchenrecht von 1917 gar Kindern und Geisteskranken gleichgestellt. Das ist heute zum Glück nicht mehr der Fall. Dennoch: Eine wirkliche Befreiung der Frau hat bislang noch nicht stattgefunden. Das Frauenpriestertum wäre ein Hören auf die «Zeichen der Zeit» und ein Bruch mit einer veralteten, längst überholten «Tradition». Ich schreibe an dieser Stelle Tradition bewusst in Anführungszeichen, weil man etwas, das nicht Christus brachte, sondern das man von der damaligen vor-christlichen Gesellschaft übernommen hat, nicht als reine Tradition bezeichnen darf.

Es gibt aber in der katholischen Kirche viele Traditionen, die nicht auf Christus zurückgehen.

Von einer solchen antiken Tradition müssen wir uns lösen, um das wahre Potenzial der Strahlkraft des Evangeliums sehen und spüren zu können. Die Ablösung von einem hierarchischen Denken zwischen Mann und Frau hat dabei oberste Priorität. Nur so kann das, wofür Jesus Christus und später auch Paulus und die urchristlichen Gemeinden eintraten, voll und ganz gelebt werden: Der Mensch ist zentral, nicht seine sexuelle Orientierung, sein Geschlecht oder sein Beruf. Das Herz des Menschen und sein Glaube sind ausschlaggebend (vgl. Röm 10,10). Mann und Frau haben denselben Heiligen Geist. Vor Gott zählt die Begabung, den der Heilige Geist dem Menschen zuteilt (vgl. 1 Kor 12,17f). Weshalb gilt dies nicht auch in der katholischen Kirche?

Diese Art von Befreiung der Frau ist himmelschreiend. Zu lange wurde es versäumt – oder einfach nur ignoriert. Die Kirche ist zur Dringlichkeit der Erneuerung aufgerufen. So wäre die Aufwertung der Frau durch die Einführung des Frauenpriestertums auch eine Befreiung der Frau in anderen Kulturkreisen, in denen bislang die Frau mit Unterdrückungen und Benachteiligungen nach wie vor zu kämpfen hat. Das Konzil war ein Stück Befreiung von einem spätscholastischen Korsett. Bis heute ist dieses starre Korsett allerdings noch nicht ganz entfernt. Der Leib der Kirche Jesu Christi ist noch immer – bezüglich der Frauen – eingeengt. Die Kirche, die aufgrund ihrer Sozialethik die Aufgabe hat, dort ihre Stimme zu erheben, wo Unrecht geschieht, könnte genau hier zur Vorreiterin einer neuen Epoche werden. Ein Afrikaner sagte mir einmal, dass in Europa die Kirche sich an die Gesellschaft anpasst. In Afrika sei das umgekehrt. Dort passe sich die Gesellschaft an die Kirche an. Wäre das nicht gerade ein großer Gewinn? Wenn die Kirche endlich «frauenfreundlicher» wird und mit den alten frauenverachtenden Traditionen bricht, eine neue Tradition, eine *Tradition der Geschwisterlichkeit*[81] wiederaufleben lässt, kann sie auch in anderen Kulturen auf die Befreiung der Frau hinwirken und somit das Leid in der Welt verringern. Die Kirche hatte schon immer die Leuchtkraft, Großes zu bewegen und Gutes hervorzubringen. Ich glaube, dass sie es auch bei der Frage der Frau schaffen wird. Es wäre ein Aufbruch in eine neue Zeit! Und gleichzeitig eine Rückbesinnung in eine alte Zeit, die Zeit der ersten Christen. Es wäre nicht nur ein Zurückblicken, sondern eine heilsame Rückkehr zu den eigenen Wurzeln.

Es geht mir sicherlich nicht darum, die Frauen zu befreien und die Männer «einzusperren». Es geht darum, dass die Menschen gemeinsam als Mann und Frau friedlich in dieser Welt leben, die Schöpfung bewahren und gemeinsam als Christen die Kirche gestalten und in die Zukunft tragen. Nur gemeinsam, im vollen Sein von Mann und Frau, ist dies möglich. Nur so werden wir der christlichen Botschaft und den beiden Schöpfungsberichten, wie sie uns in Genesis 1 und 2 begegnen, gerecht. Schließen wir Frauen von Ämtern aus, handeln wir nicht nur gegen die Intention Jesu Christi, sondern auch gegen den Geist des Schöpfergottes. Denn der eigentliche befreiende und emanzipatorische Grund ist Jesus Christus selbst. Es scheint dem Christentum in die Wiege gelegt, dass es bald zur Emanzipation der Frauen kommt, da eine Frau, Maria, eine entscheidende Rolle für die Heilsgeschichte spielte und ihr diese Funktion von Gott selbst zugewiesen worden ist.[82] Und weiter ging diese befreiende Botschaft durch die paulinische Befreiungstheologie (Gal 3, 28).

Würde die Stellung der Frau in der Kirche überdacht und ihr theologisch genügend Respekt entgegengebracht werden, würde die katholische Kirche in überwiegend christlichen Ländern zum Beispiel Afrikas durchaus positiv auf die «Befreiung der Frau» und damit befreiend auf patriarchale Strukturen hinwirken. Ich bin mir sicher – da es die Kirche auch in der Vergangenheit bereits geschafft hat, durch ihr Auftreten gesellschaftliche Strukturen zu verändern – dass durch ein neues Frauenbild in der Kirche die verschiedenen Gesellschaften und Kulturen dieser Erde ein neues Antlitz erhalten werden. Ändert die Kirche ihr Verhalten und ihren Umgang mit der Frau innerhalb der eigenen Reihen nicht, trägt sie durch jede Art von Unterdrückungstheologien Mitschuld am Leid der Frauen. Das gilt nicht nur für den kirchlichen Bereich, sondern auch für die Gesellschaft, da die Kirche in vielen Ländern der Welt noch großen Einfluss auf die Gesellschaft und das Gewissen einzelner hat.

«Die Weltkirche ist noch nicht so weit»

Wenn keine Argumente mehr gegen das Frauenpriestertum vorgebracht werden können, weil deren Argumentationslogik noch im Mittelalter (Thomas von Aquin) stecken geblieben ist und der Theologie des 21. Jahrhundert widerspricht, wird das weltpolitische Argument gezückt. Die letzte Karte wird dann gespielt, indem gesagt wird: «Andere Länder sind noch nicht so weit. Wir hier in Europa wollen vielleicht das Frauenpriestertum, doch für andere Länder wäre das ein kaum gangbarer Weg. Ja, es könnte sogar zur Spaltung der Kirche führen.»

Ein Bruch innerhalb der Kirche ist keinesfalls in meinem Interesse, darum räume ich der Kirche auch Zeit ein. Auch trete ich nicht mit Feuer und Schwert auf, um meine Berufung durchzusetzen. Würde ich das wollen, hätte ich den juristischen Weg gehen können und die Kirche vor dem Europäischen Gerichtshof für Menschenrechte in Straßburg verklagen können, weil ich nicht die gleiche Möglichkeit zur Prüfung meiner Berufung erhalte wie ein Mann. Doch das werde ich nicht tun.

Zu sagen, dass durch die Einführung des Frauenpriestertums viele Menschen der katholischen Kirche den Rücken kehren würden, ist kein Argument. Es ist vielmehr eine machtpolitische Erklärung, die mit der Angst der Menschen spielt. Sicherlich würden wenige die Kirche verlassen. Aber es verlassen bereits heute Unmengen von Gläubigen die katholische Kirche, eben weil es unter anderem keine Priesterinnen gibt. Vor allem Frauen, die von der Hierarchie enttäuscht sind, kehren der Kirche stillschweigend den Rücken zu. Dass nun eine Einführung des Frauenpriestertums eine «Massenauswanderung» aus der katholischen Kirche mit sich ziehen könnte, halte ich für eine nicht korrekte Ansicht. Ich habe bislang ganz andere Erfahrungen gemacht, die natürlich nur einen kleinen Teil der Menschen in anderen Ländern beleuchten, aber dennoch einen Einblick eröffnen.

Als ich in Amerika zu einer Frauenkonferenz eingeladen war, hörte ich eine Referentin aus Indien[83], die schmunzelnd sagte: «Ihr Westler (damit meinte sie die Europäer und die Amerikaner), ihr denkt immer, dass das Frauenpriestertum nur ein Thema bei euch wäre. Ich sage euch aber: Auch bei uns in Indien gibt es etliche Frauenorganisationen, die sich dafür einsetzen. Sogar Bischöfe halten das Frauenpriestertum für längst fällig.» In dem Moment wurde mir klar: Die Forderung nach dem Frauenpriestertum hat bereits längst globale Dimensionen erreicht, die allerdings oftmals von Klerikern, allen voran auch Bischöfen, kleingeredet und eben doch wieder auf ein bloß «regionales» Problem reduziert wird. Die Konferenz in Amerika zeigte mir, dass sich in allen Ländern der Welt Frauen für Frauenrechte in der Kirche einsetzen. Wir hier in Europa sind also weder alleine in unserem Kampf, noch sind wir die einzigen, die es wollen! Schon allein ein Blick auf die Praxis in manchen lateinamerikanischen, afrikanischen oder asiatischen Ländern zeigt, dass das Frauenpriestertum nicht nur von westlichen Industrieländern gefordert wird. Leider gibt es in der Kirche noch immer die «Macht», solche Forderungen einfach zu unterbinden und sie als «regionales» Phänomen abzutun. Wir Gläubigen glauben natürlich das, was uns gesagt wird. Schließlich haben wir nicht die Möglichkeit, in alle Länder der Welt zu reisen und uns auf den Dialog mit den anderen Menschen einzulassen und zu fragen, ob sie auch für das Frauenpriestertum eintreten. Sicherlich gibt es einige afrikanische Frauen, die offen sind für solch eine Veränderung, die aber eben nicht ganz oben auf ihrer Agenda steht, weil sie von weitaus schlimmeren Problemen geplagt sind.

Seit eine Studienkommission der Bischofssynode für Afrika 1974 festhielt, dass Frauen in ihrer Verkündigung gefördert und gefordert werden müssen, es ihnen ermöglicht werden soll, an verantwortlichen Stellen zu wirken, und ihnen deshalb mehr Entscheidungspositionen offen stehen sollen, hat sich doch einiges getan. Inzwischen gibt es in einigen afrikanischen Diözesen eine Abteilung für Frauen in den Pastoral- und Entwicklungsbereichen. Dennoch verlief der Einsatz von Frauen in Laienämtern zögerlich. Frauenangelegenheiten werden heute ernster angenommen, und Bischöfe vertraten gar die Meinung, «dass Rom irgendwann in der Zukunft auch Frauen zum Priesteramt zulassen könnte».[84] Selbst die brasilianische Bischofskonferenz hat über das Frauenpriestertum gesprochen, hat das Thema wegen der Familiensynode von 2015 jedoch zurückgestellt. Das niederländische Pastoralkonzil von Nordwijkerhout sprach sich 1970 mehrheitlich für das Priestertum der Frau aus, und auch die kanadischen Bischöfe befürworteten auf der römischen Bischofssynode im Jahr 1971 das Weiheamt für die Frau. Ebenso äußerten sich die schweizerische «Synode 1972» (1972–75) und auch die deutsche «Würzburger Synode» (1971–75) positiv gegenüber dem Diakonat der Frau und befürworteten Studien über das Frauenpriestertum. Und auch einige Theologen traten bereits in den sechziger und siebziger Jahren für das Frauenpriestertum ein. Darunter auch der große deutsche Theologe Karl Rahner.[85]

Dennoch wird die Diskussion über die Frage der Frauen im Priesteramt von vielen Männern beendet, indem sie unverfroren behaupten, dass Frauen selbst ja gar nicht ordiniert werden wollen oder dass gerade Frauen weibliche Geistliche ablehnen würden. So stellt sich Mercy Amba Oduyoye, eine afrikanische Theologin, die rhetorische Frage, ob hier entschieden werden darf, «was Frauen oder wohl viel eher Männer wollen. Sollte nicht entscheidend sein, was Gott will und wozu er uns beruft, nämlich ‚Abbild Gottes' zu sein?»[86]

Obwohl die Stimmen für eine Zulassung von Frauenpriestern so positiv und ermutigend wirken, hat mir ein Bischof einmal gesagt, dass das Frauenthema in der Kirche kaum jemanden interessieren würde und eigentlich ja keiner will. Im September 2014 haben sich Katholikinnen und Katholiken von Basel-Landschaft und Basel-Stadt an der Urne getroffen, um abzustimmen, ob das Frauenpriestertum in der römisch-katholischen Kirche eingeführt und der Zölibat abgeschafft werden soll. In Basel-Stadt wurde die kirchliche Gleichstellunginitiative mit 81,8 Prozent angenommen, in Basel-Land gar mit 88,2 Prozent. Über 80 Prozent sprachen sich dort also für Reformen in der katholischen Kirche aus!

Geschlechterrollendiskurse sind immer Machtdiskurse. Das gilt für die Gesellschaft wie auch für die Kirche. Deutlich zeigte *Ordinatio Sacerdotalis*, dass das Lehramt zwar noch die Macht darüber besitzt, aber die männliche Macht ebenfalls in eine Krise geraten ist. Die Frage nach dem Priesteramt der Frau ist letztlich eine Frage nach Macht und Herrschaft in der Kirche. Eigentlich sind solche Schreiben reine Machtdemonstrationen. Bei der Frage um das Frauenpriestertum geht es um Leitungsaufgaben, also Herrschaft, wobei Macht bzw. Herrschaft oftmals mit «Dienst» umschrieben wird, und um sakrale Handlungen. Für mich bedeutet aber Dienst ein wahrer Dienst und nicht eine versteckte Machtausübung.

Auch wenn immer gesagt wird, dass wir uns nicht mehr auf Europa konzentrieren müssen, weil dort eh «Gottlosigkeit» herrscht und in wenigen Jahrzehnten wohl nicht mehr der Mittelpunkt des Christentums – wie es einst der Fall war – sein wird, darf Europa dennoch nicht wie eine heiße Kartoffel fallen gelassen werden. Die Kirche steht auch dort noch in der Verantwortung. Und das Thema Frauen darf nicht damit abgetan werden zu sagen, es sei ein Problem des Westens. Es geht nicht darum, dass durch Frauenpriester und Zölibatsaufhebung wieder mehr Leute in die Kirche strömen. Kircheneintritt und Frauenpriestertum sind zwei verschiedene Ebenen. Der reformierten Kirche geht es zwar auch nicht viel besser, aber Leute treten nicht wegen des Frauenpriestertums aus, sondern weil die Kirchen heute nicht mehr ausreichend in der Lage sind, im Glauben zu begeistern. Aber die Einführung des Frauenpriestertums wäre fair, weil Gleichheit nicht nur gepredigt werden darf.

Oftmals steht der Zentralismus der Kirche dem Dienstcharakter im Weg. Wenn die Kirche eine Annäherung an die Welt von heute nicht schafft, vernachlässigt sie ihren Auftrag: «Darum geht zu allen Völkern und macht alle Menschen zu meinen Jüngern» (Mt 28,19). Die Einheit der Kirche ist wichtig, aber schon in den frühchristlichen Gemeinden meinte Einheit nicht eine Einheitlichkeit in der Struktur, sondern eine vielfältige Übereinstimmung in den inhaltlichen Überzeugungen.

10. Kapitel

Das Leid der Pastoral

In vielen Pfarreien leidet die Pastoral darunter, dass nur (zölibatär lebende) Männer die Sakramente spenden dürfen. Dadurch wird zum einen das Potenzial von Frauen und verheirateten Männern nicht ausreichend zur Gestaltung der Kirche genutzt, zum anderen findet nach und nach eine «Austrocknung» der Gemeinden statt. Die Gläubigen sind laut Kirchenrecht zur sonntäglichen Messfeier verpflichtet (sog. Sonntagsverpflichtung can. 1247 CIC 1983). Was ist nun aber, wenn diese nicht gewährleistet wird? Darf man den Gläubigen das Sakrament der Eucharistie einfach vorenthalten? Obwohl der Gottesdienst doch «Quelle und Höhepunkt des ganzen christlichen Lebens» (*Lumen gentium* Nr.11) ist? Auch bleibt im Bereich der Pastoral viel ausgeblendet und die Verkündigung der Frohen Botschaft bleibt einseitig, wenn weiterhin Frauen davon ausgeschlossen sind. Denn: Jesus Christus ist der Erlöser der Menschen. Er ist nicht nur der Erlöser der Männer, sondern auch der Frauen. Und wenn diese Erlösung der Menschen auch wirklich geschehen soll, dann muss auch der weibliche Teil die Möglichkeit erhalten, sich am Erlösungswerk zu beteiligen.[87]

In einigen Gemeinden – hier spreche ich von Erfahrungen in der Schweiz – sind Frauen und verheiratete Männer im pastoralen Leben stark engagiert. Sie halten Wortgottesdienste, leiten Begräbnisse, assistieren bei Hochzeiten und sind gar Leiter einer ganzen Gemeinde – dies alles durch die Beauftragung des Bischofs. Auch wenn die Basis bereits ein sehr frauliches Antlitz hat, bedarf es in Zukunft auch in Weihe- und Leitungsämtern der Mitarbeit von Frauen, um schwerwiegende Folgen zu vermeiden. Denn die Pastoral und die Verkündigung bleiben einseitig, wenn überwiegend Männer das Sagen haben. Nach wie vor sind oder sehen sich manche Priester in einer privilegierten Position. Das macht ein gleichberechtigtes Arbeiten von Männern und Frauen manchmal kaum möglich.

Gerade in Bezug auf die Beichte, die ebenfalls dem Priester vorbehalten ist, stellt sich ein pastorales Problem. Katholiken sind ebenfalls – wie auch schon zur Messfeier – verpflichtet, regelmäßig zur Beichte zu gehen. Einige Frauen sagten mir, dass sie lieber bei einer Frau beichten würden, da diese sie besser verstehe. Eine Frau kann sich bekanntlich in gewisse Dinge oder «weibliche Angelegenheiten» besser hineinversetzen als ein Mann. Die zölibatären Priester leben in ihrer ganz anderen, eigenen Welt. Auch dort kann es zu einer «Verkümmerung» der Pastoral führen, wenn Frauen aus Angst, von einem Mann nicht verstanden zu werden, nicht mehr das Sakrament der Buße empfangen.

Frauen in den Gemeinden fühlen sich manchmal von Geistlichen nicht anerkannt. Sie erhalten die Gemeinden vor Ort aufrecht, und doch bekommen sie zu wenig Wertschätzung für ihre Arbeit. Meist sind es die Frauen, die den Glauben an die Kinder weitergeben. Kommen diese nicht mehr in die Kirche, weil sie sich nicht genug wertgeschätzt fühlen, erhalten auch ihre Kinder keine Bindung zur Kirche mehr.

Das «Importieren» von Priestern

Vor einigen Jahrhunderten lebte die Kirche in Lateinamerika, Asien und Afrika von und durch «importierte» Kleriker aus dem westlichen Europa. Sie brachten ihre Kultur und ihre Sicht der Dinge mit. Heute verhält es sich umgekehrt. Wir in Europa lassen uns Priester aus Afrika und Asien «importieren», weil wir selbst keine oder zu wenig Priester mehr haben. An der Basis der Kirchgemeinden haben wir aber viele engagierte und fähige Christen, die diesem Amt gerecht würden. Das einzige Problem: Es sind verheiratete Männer oder Frauen.

Angesicht des Priestermangels in vielen Ländern dieser Welt – und ich möchte an dieser Stelle nicht verheimlichen, dass auch manche afrikanische Diözesen zu wenig Kleriker haben, wie ein Priester aus Tansania mir berichtete – ist zu überlegen, ob weiterhin der Zivilstand und das Geschlecht eine Rolle spielen dürfen, um Gott und den Menschen in der Eucharistiefeier, in der Verkündigung des Glaubens und in der Sorge um die Armen und am Rande der Gesellschaft Lebenden zu dienen.

Eine Frau, die sich berufen fühlt und mit ganzem Herzen diesem Dienst nachkommen würde, was wäre denn so schlimm daran? Ich denke, dass die Kirche nicht verantworten kann, dass viele Pfarreien sonntags keine Eucharistie mehr feiern können, weil schlicht und einfach kein Pfarrer in der Nähe ist. Die Kommunion ist ein Sakrament, eine Gabe von Gott, die den Menschen nicht vorenthalten werden darf! Die Eucharistie ist ein «Grundrecht der Christen». Wenn ihnen dieses Grundrecht von Gesetzes wegen, sei es, dass der Priester zölibatär leben muss oder keine Frau sein darf, verweigert wird, werden die dafür Verantwortlichen zur Rechenschaft vor Gott und den Christen gezogen.

Ich betrachte die Frage des Frauenpriestertums natürlich nicht aus diesem Blickwinkel des Priestermangels. Würde das Frauenpriestertum deswegen eingeführt werden, wäre die Frau wieder nur eine «Lückenfüllerin». Da sie weder eine Lückenfüllerin ist noch als «Notlösung» zu gelten hat, ist dies – in meinen Augen – kein sonderlich starkes Argument für das Frauenpriestertum. Dennoch: Es ist eines, das nicht außer Acht gelassen werden darf.

Denn sehr vielen «importierten» Klerikern gelingt es kaum, sich in die pastorale Kultur der hiesigen Gemeinden einzuleben und somit einer von ihnen zu werden. Diesen Priestern sei kein Vorwurf gemacht. Sie geben sicherlich alles, was sie können. Allerdings kann dadurch auch das Gemeindeleben darunter leiden, weil viele vor einem Konflikt zwischen den Kulturen stehen. Abgesehen davon ist die Sprache oftmals ein sehr großes Hindernis für wahre und wirkende Seelsorge. Ein Priester aus Indien, der noch nicht lange im «importierten» Land lebt, spricht die Sprache vermutlich noch nicht fließend. Wird er in Gegenden versetzt, in denen ein starker Dialekt gesprochen wird, hat dieser noch mehr Mühe, seine «Schäfchen» zu betreuen. Liegt nun eine kranke Person im Sterben und möchte ein seelsorgerliches Gespräch mit dem Pfarrer führen– wie soll das gehen? Wie kann solch ein Gespräch heilend für die kranke Person sein, wenn sie ihren Pfarrer nicht versteht oder umgekehrt?

Es findet oftmals eine Entfremdung zwischen «importiertem» Priester und einzelnen Gemeindemitgliedern statt. Aufgrund der Sprachbarriere und der kulturellen Hindernisse kann dann Seelsorge nicht richtig wahrgenommen werden. Denn es gilt: Ein Priester kann den Menschen nur dann dienen, wenn er die Lebensweisen, ja die «Freude und Hoffnung» (*Gaudium et Spes* Nr. 1) kennt. Ein Priester muss im Milieu seiner Gemeindemitglieder verwurzelt sein, um den Gläubigen helfen und sie auf dem Weg zu mündigen Christen begleiten zu können.

Das sind Probleme, die immer wieder auftauchen und nicht unter den Teppich gekehrt werden dürfen. Im Endeffekt bleiben die Seelsorge und das Wohl der Menschen auf der Strecke. Die Kirche muss keine Priester aus fernen Ländern «importieren». Wir haben genügend fähige und teilweise sogar gut ausgebildete Gläubige, die gerne diesen Dienst ausführen würden, auch weil sie sich zu diesem Dienst berufen fühlen. Wenn wir nur auf die Frauen und verheirateten Männer zurückgreifen würden, hätte die Kirche in unseren Breitengraden ein sehr großes Problem weniger.

Die Tradition ist nicht zu ändern! Ach wirklich?

Es gibt einen Witz, der besagt, dass sich in der katholischen Kirche nichts wandelt, außer Brot und Wein. Das stimmt so natürlich nicht. Auch wenn oft gesagt wird, dass alles schon immer so war und bleiben wird, ist das schlicht und einfach falsch. In den letzten 500 Jahren haben wir große und einschneidende Veränderungen in der Kirche erlebt. Wir haben Fortschritte gemacht. Vor allem auch durch das Zweite Vatikanische Konzil. Aber leider ist das Denken in gewissen Kreisen manchmal noch ähnlich eng und teilweise gar noch enger als vor dem Zweiten Vatikanischen Konzil.

Die Tradition kann nicht immer als ultimativ schlagendes Argument ins Feld gerückt werden. Denn das biblische Zinsverbot – um nur ein Beispiel zu nennen – zeigt relativ früh, welchen Wandel die Tradition der Kirche durchlaufen hat. Als das biblische Zinsverbot keine Anwendung mehr fand, änderte man die Tradition. Beim Zinsverbot führte die wirtschaftliche Lage der Gesellschaft dazu, dass auch die Kirche sich nicht weiter vor dem Zinsgeschäft verschließen konnte. So könnte auch der Ausschluss der Frau vom Priesteramt im 21. Jahrhundert als Relikt verabschiedet werden. Was das Frauenpriestertum betrifft, wäre es der menschenrechtliche Ansatz des 20. Jahrhunderts, der auch die Kirche stark prägte und sich für das 21. Jahrhundert als notwendige Bedingung zur Umsetzung dieses Denkens erweist.

Auf die Geschichte zu blicken und zu sehen, was sich alles geändert hat, ist leicht. Der Blick aufs Heute ist aber durchaus schwierig. Und so frage ich mich: Was kann an der Tradition grundsätzlich geändert werden? Wird die Tradition nicht relativiert, wenn wir sie ändern, obwohl sie noch «in Kraft» ist? In der Geschichte der Kirche gibt es einige Beispiele, dass etwas an *der* Tradition verändert wurde und im Nachhinein neue theologische Begründungen gesucht wurden, um die historische Entwicklung und ihre Auswirkung auf das Wirken in der Kirche zu legitimieren. So wird heute der Zölibat anders begründet als im 12. Jahrhundert. Früher war man der Ansicht, dass der Priesterdienst und die gleichzeitige Ehe nicht vereinbar seien. Vor allem die angebliche Unreinheit des Geschlechtsverkehrs wurde als Begründung herangezogen. Heute hingegen wird biblisch argumentiert: Ein Priester solle ehelos bleiben um des Himmelreiches willen. Der Priester, sofern er ehelos lebe, könne sich voll und ganz für das Reich Gottes einsetzen und anderen Menschen helfen und dienen. Wenn er verheiratet wäre, wäre er weniger flexibel und könne sich nicht ganz seiner Kirche hingeben. Dennoch kann der Zölibat auch als ein kirchendisziplinarisches Mittel angesehen werden.

Das Gesetz ist damals wie heute vorhanden. Einzig die Begründung hat sich geändert. Die Geschichte des Christentums kannte viele Gebote und Verbote. Diese hatten zur jeweiligen Zeit eine große Kraft, und doch wurden sie später abgeändert. Auch heute muss immer wieder zwischen veränderbaren und unabänderlichen Traditionen abgewogen werden. Denn bei dem Frauenpriestertum besteht nach wie vor die Gefahr, dass nicht-traditionelle Argumente entwickelt werden, nur um das Verbot weiterhin aufrechterhalten zu können.

Dass Veränderungen in der Kirche möglich und nötig sind, zeigt die Geschichte der Kirche selbst. In einer lehramtlicher Entscheidung wurde anno 1442 auf dem Konzil von Florenz die «Form und Materie des Weihesakraments» beschlossen. Die Priesterweihe ist gültig, wenn dem Geweihten der Kelch mit Wein und die Patene (Schale) mit Brot übergeben wurde. Kelch und Patene waren damals ausschlaggebend für das Zustandekommen einer Priesterweihe. Und das wurde lehramtlich festgehalten. Papst Pius XII. beschloss aber 1947 mit der Apostolischen Konstitution* *Sacramentum Ordinis*, dass die Übergabe von Kelch und Patene nicht «zum Wesen und zur Gültigkeit des Sakramentes erforderlich ist». Genau das sagte aber das Konzil von Florenz im 15. Jahrhundert. Was für ein Dilemma! Papst Pius XII.

betonte, dass die Handauflegung und das Weihegebet über den Kandidaten die wesentlichen Merkmale, die wesentlichen Zeichen des Sakraments sind.

Papst Pius XI. schreibt im Jahr 1931 in der Enzyklika *Quadragesimo anno*, die «Familienmütter sollen in ihrer Häuslichkeit und dem, was dazu gehört, ihr hauptsächliches Arbeitsfeld finden in Erfüllung ihrer hausfraulichen Obliegenheiten» und bezeichnet das Arbeiten außer Haus als «schändlichen Missbrauch, der, koste es, was es wolle, verschwinden muss.» Das hat denn auch nicht wirklich geklappt. Die Frauen sind heute in der Gesellschaft auf allen Ebenen aktiv, machen sogar richtig Karriere und üben großen gesellschaftlichen Einfluss aus. Für Papst Johannes XXIII. hingegen war die Frauenemanzipation kein «schändlicher Missbrauch», sondern ein «Zeichen der Zeit». So ist Tradition immer zeitbedingt. Diese hat sich auch im Kirchenrecht geändert. Der Codex Iuris Canonici von 1917 spiegelte eine Ungleichheit zwischen Laien und Klerikern wider. Das Verhältnis zwischen Klerus und Laie wurde dabei als eine Beziehung von Geben und Nehmen verstanden, die von Unterordnung und Gehorsam geprägt war. Dies kommt auch dadurch zum Ausdruck, dass zwischen «zwei Arten von Christen» unterschieden wurde. Das alte Kirchenrecht ging davon aus, dass Laien und Kleriker nicht gleichberechtigt sein können, da sie nicht die gleichen Funktionen in der Kirche wahrnehmen. Die Gläubigen wurden dabei als passive Kirchenglieder angesehen.

Ja, die katholische Kirche hat eine lange und manchmal auch traurige Tradition.

Die Angst vor dem (Zeit-) Geist

Bei vielem, was wir heute als Tradition bezeichnen, handelt es sich in Tat und Wahrheit um den Zeitgeist vergangener Zeiten. Darum können solche Traditionen auch geändert werden. Vieles, was in der Gesellschaft bereits existiert, allen voran die Gleichstellung der Geschlechter, muss in der Kirche nachgeholt werden. Das heißt nicht, dass die Kirche alles aus der Gesellschaft kritiklos übernehmen oder sich dieser voll und ganz anpassen muss. Schließlich ist das «Wesen» der Kirche ein anderes als dasjenige eines Staates. Dennoch ist der Zeitgeist nicht immer schlecht. Nein, er ist sogar für die Verkündigung des Evangeliums wichtig. Wer den Zeitgeist nicht kennt, nicht erkennt, der redet an den Menschen vorbei. Wenn gewisse Probleme in einer bestimmten Zeit auftauchen, ist die Herausforderung anzunehmen, und es muss geprüft werden, ob eine Veränderung genau zu diesem Zeitpunkt nicht dem «gottgewollten Augenblick», dem Kairos, entspricht. Denn auch die Kirche kann den Kairos verpassen. Ich hoffe, sie verpasst ihn nicht in Bezug auf die Frauen.

Oftmals ist man nur für die Tradition, weil man Angst vor Dynamik und Ungewissheit hat. Ich sehe es als großen Rückschritt, ja sogar als peinlich an, wenn heute gegen den Zeitgeist gewettert und gleichzeitig an einem Zeitgeist vergangener Jahrhunderte festgehalten wird. Das Argument der Tradition ist demnach im Grunde genommen gar kein Argument, weil auch dieses sich immer geändert hat und sich an die jeweilige Zeit – um des Evangeliums willen – angepasst hat. Tradition bedeutet kein Festhalten am Bestehenden und ist auch kein abgeschlossenes System, sondern immer lebendig, sagte bereits Yves Congar.[88]

Wenn an der Tradition zu stark festgeklammert wird, besteht die Gefahr, dass die Tradition gefährdet ist. Das heißt: Die lebendige Weitergabe des Glaubens. Um des Evangeliums willen müssen wir zuweilen einen «alten Zopf» abschneiden, um neues Leben wachsen lassen zu können, das unsere Kirche in die Zukunft führt. Es gibt ein schönes Zitat von Gustav Mahler: «Tradition ist Bewahrung des Feuers und nicht Anbetung der Asche.»

Die Frage der Weihe der Frau ist kein Faktum einer langen Tradition, sondern es muss geprüft werden, ob diese (veraltete) Tradition im Heute das Heil der Menschen fördert. Schließlich sagte bereits Jesus: «Der Sabbat ist für den Menschen da. Nicht der Mensch für den Sabbat» (Mk 2,27). Im übertragenen Sinne heißt das: Nicht der Mensch ist für die Tradition, sondern die Tradition ist für den Menschen da. Jesus Christus, der «Herr über den Sabbat» (Mk 2,28) ist auch «Herr über die Tradition». Er will bestimmt nicht, dass die Tradition uns erdrückt, sondern dass sie uns zum Heil gereicht. Darum kann und muss sie in gewissen Bereichen geändert werden. Wenn sich die Kirchenhierarchie an diesem Heilswillen Jesu Christi orientiert, ist die Einführung der Frauenpriesterweihe eine logische Konsequenz.

So hat das Heil des Menschen an erster Stelle zu stehen und stets oberstes Prinzip der Kirche zu sein. Die Frage der Frauenpriesterweihe berührt den Heilsauftrag der Kirche. Da der Heilsdienst der Wille Jesu Christi ist, frage ich mich, ob die Kirche diesen Willen weiterhin ignorieren kann. Ist ein Handeln gegen den Willen Jesu Christi nicht «Sünde»? Gegen die «Zeichen der Zeit» zu handeln, bringt das nicht vielmehr Schaden?

Die Tradition hat ein Recht auf Weiterentwicklung! Tradition im hier und heute leben, bedeutet immer auch ein Suchen des Heiligen Geistes in der Geschichte und auf den Wegen von heute. Ja, «die Tradition wird nur dann treu weitergegeben, wenn sie aufrüttelt und belebt.»[89] Die Tradition kann und muss erneuert werden. Nur so ist und bleibt sie Traditionsgut der katholischen Kirche. Als Kirche haben wir die Aufgabe, den Schatz der Vergangenheit in die Zukunft zu tragen. Deshalb hilft es nicht, bloß dem Vergangenen nachzutrauern. Vielmehr muss das Evangelium in der jeweiligen Gegenwart glaubhaft verkündet werden. Darum, um diesen Dienst auch weiterhin tun zu können, bedarf es einer Identitätsklärung und -vergewisserung. Es muss immer wieder überprüft werden, ob die Verkündigung der Botschaft der Praxis der Kirche noch entspricht. Und auch wenn wir an alten Traditionen festhalten wollen, müssen gleichzeitig auch neue Traditionen geschaffen werden. Wer die Treue zur katholischen Kirche halten will, muss nach Reformen verlangen. Damit die Kirche wachsen kann, braucht sie immer wieder Reformen, denn die Kirche ist «ebenso sehr ihre Zukunft wie ihre Vergangenheit».[90]

«Affenähnliche» Zustände in der Kirche

Im Internet kursiert immer mal wieder ein Experiment mit Affen. Ob es sich dabei um ein wirkliches Experiment an Tieren handelt oder nur um ein Gedankenkonstrukt, weiß keiner so genau. Aber anschaulich ist das Experiment allemal: Fünf Affen befinden sich in einem Raum. Auf einer Leiter mitten im Raum liegen Bananen. Jedes Mal, wenn ein Affe an der Leiter zu den Bananen hochkletterte, werden die anderen Affen von den Wissenschaftlern mit kaltem Wasser nass gespritzt. Jeder Affe versucht, zu den Bananen zu gelangen, und wird, nachdem er die Leiter wieder runter klettert, von den übrigen Affen, die nass gemacht wurden, angegriffen. Das führt dazu, dass nach einer Zeit kein Affe sich mehr getraut, die Leiter hochzuklettern. Im zweiten Schritt des Experiments wird ein Affe der ersten Gruppe mit einem neuen ausgetauscht. Da dieser nicht weiß, dass das Hochklettern zu den Bananen ein Tabu ist, wird dieser – wieder unten angekommen – von den anderen Affen verprügelt. Und das, obwohl die untenstehenden Affen nicht mehr nass gemacht wurden. Nach mehreren Wiederholungen lernt der Affe, die Leiter nicht mehr hinaufzuklettern, obwohl er nicht wusste, warum. Einzig die negative Erfahrung ließ ihn so handeln. Als ein zweiter Affe ausgetauscht wird, geschieht genau dasselbe. Er wird sogar von dem zuvor neuausgetauschten Affen angegriffen, obwohl dieser nie in Kontakt mit dem kalten Wasser kam. Weil er von den anderen Affen nicht weiter angegriffen werden will, versucht er nicht mehr, zu den Bananen zu kommen. Die Bananen werden zum Tabu. Nachdem eine komplett neue Generation Affen im Raum ist und keiner von diesen je mit kaltem Wasser in Kontakt kam, klettert dennoch kein Affe mehr auf die Leiter – aus purer Angst angegriffen zu werden. Könnte man die Affen fragen, warum sie nicht auf die Leiter steigen bzw. warum sie den Affen, der zu den Bananen geht, verprügeln, wären sie wohl nicht zu einer Antwort in der Lage. Denn sie hinterfragen das Tabu nicht. Vielleicht sagen sie: «Es wurde schon immer so gemacht.» Ist das nicht manchmal auch so in der Kirche? Dinge werden einfach angenommen, ohne zu hinterfragen, ob es überhaupt richtig ist. Manchmal sucht man verzweifelt nach Argumenten und bastelt sich dabei etwas zusammen, das aber eigentlich gar nicht passt. Was ich mir, als ich das erste Mal von dem Experiment gelesen habe, dachte, war: «Man(n) kann etwas ändern. Nur Mut!»

Und er weht, wo er will ...

Papst Franziskus sagte einmal: «Der Heilige Geist ist für uns eine Belästigung. Er bewegt uns, er lässt uns unterwegs sein, er drängt die Kirche, weiterzugehen ... Wir wollen, dass der Heilige Geist sich beruhigt, wir wollen ihn zähmen. Aber das geht nicht. Denn er ist Gott und ist wie der Wind, der weht, wo er will. Er ist die Kraft Gottes, der uns Trost gibt und auch die Kraft, vorwärtszugehen. Er ist dieses `Vorwärtsgehen´, das für uns so anstrengend ist. Die Bequemlichkeit gefällt uns viel besser.»[91] Papst Franziskus beschreibt hier die Angst, die manche vor dem Wirken des Heiligen Geistes haben. Statt Angst zu haben, sollten wir vielmehr auf den Heiligen Geist vertrauen. Angst und Unsicherheit sowie das Streben nach Anpassung an die römische Gesellschaft waren in der Urkirche bestimmende Motive für die

Zurückdrängung der Frau. Heute haben einige Amtsträger ebenfalls Angst und sind unsicher – allerdings ist dies eine Angst vor der Anpassung und vor dem Einatmen des «Zeitgeistes». Damals wurde der Zeitgeist «eingeatmet», heute wehrt man sich dagegen. Es wäre ein Aufbrechen im Geist, ja ein Hinschreiten zum Reich Gottes, würde man anerkennen, dass Frauen vor Gott gleich sind und deswegen auch die gleichen Möglichkeiten erhalten dürfen. Die Kirche muss sich immer bis zu einem gewissen Grad anpassen, da sie in einer konkreten geschichtlichen Zeit lebt. Es muss stets geschaut werden, «was die gegenwärtige Zeit von uns verlangt» (Bernhard von Clairvaux). Karl Barth sagte einmal, die Kirche hat ihr Sein nicht in sich selbst, sondern in Jesus Christus. Wenn Jesus Christus den Frauen auf Augenhöhe begegnet ist und durch sein Handeln, durch sein Sterben und Auferstehen etwas Neues hat beginnen lassen, ist es höchste Pflicht, dass die Kirche auch heute aus dem Sein Jesu Christi handelt und eine wirklich wirkende Gleichheit lebt. Es wäre ein «missionarisches Erwachen»[92], ja ein Lauschen auf den Geist, der uns schon damals an Pfingsten verheißen wurde, wenn die katholische Kirche Frauen ebenfalls die Priesterweihe spendet. Der Geist ist es, der sich immer wieder neu erfindet und auch überkommene Formen in Frage stellt. Bereits Paulus predigte die Erneuerung des Lebens durch eine «Wandlung des Geistes»[93] (vgl. Röm 12,2; Eph 4,23). Der Geist Gottes kann alle Grenzen sprengen. Im Geist können (wie schon in der Vergangenheit) alte Ämter sterben und neue geschaffen werden. Gleichzeitig können gestorbene Ämter neu entdeckt und belebt werden. Die Geschichte zeigt uns viele Beispiele von Reformen. Sie waren von geistiger, aber auch von struktureller Art. Die gregorianische Reform im 11. Jahrhundert, die Reform der Bettelorden im 13. Jahrhundert, die durch das Konzil von Trient ausgelöste Reform und das Zweite Vatikanische Konzil waren dabei bedeutsame Momente in der Kirchengeschichte. Bekannt ist, dass Gottes Mühlen langsam mahlen, die der Kirche aber noch langsamer. Langsam aber sicher wird das Wehen des Heiligen Geistes dennoch verspürt. Für viele ist es zu langsam. Aber die Hauptsache ist doch, dass er weht, wo er will (Joh 3,8) und damit etwas bewegt.

Sicherlich wäre die Priesterweihe der Frau kein Kniefall vor dem Zeitgeist – wie oftmals von Konservativen ängstlich befürchtet wird. Die Ungleichbehandlung von Mann und Frau im 21. Jahrhundert und nach dem Zweiten Vatikanischen Konzil ist vielmehr ein Kniefall vor dem Heiligen Geist. Selbstverständlich ist der Zeitgeist nicht identisch mit dem Heiligen Geist. Das heißt aber ebenfalls nicht, dass die beiden nichts miteinander zu tun haben. Denn zu jeder Zeit kann auch Gottes Stimme wieder neu zu uns kommen und uns herausfordern neue Wege zu gehen. Weil die Kirche immer in einer konkreten Zeit und in einer bestimmten Gesellschaft «lebt», gehen solche Entwicklungen an ihr nicht spurlos vorbei. Auch wenn einige in der Kirche die Kirche gerne in einem luftleeren Raum sähen, entspricht das nicht ihrer Realität.

Obwohl es in der katholischen Kirche bereits sehr viel Gutes gibt und sich in den letzten Jahrzehnten vieles verbessert hat, hören wir manchmal nur zaghaft auf den Heiligen Geist und haben deswegen einen zu kleinen Reformgeist und einen mangelnden Reformeifer. Papst Johannes XXIII. hat als Ziel des Konzils die «Erneuerung der pastoralen Strukturen der Kirche» genannt. Wäre dieser Geist nicht auch heute wieder notwendig?

Schluss

Yves Congar schrieb einmal in Bezug auf die Ökumene: «Das, wovon ich dachte, es würde 30 Jahre dauern, geschah in drei Monaten.» Mir machen diese Worte Mut in dem, was mir in der Seele brennt. Warum sonst sollte ich mir als junge Frau überhaupt die Mühe machen, etwas in der Kirche ändern zu wollen? Ich verspüre diesen Ruf zum priesterlichen Dienst in meinem Herzen. Darum setze ich mich dafür ein, meine Berufung leben zu können. Denn ich bin überzeugt, dass jedes Reformanliegen eine klare, laute und deutliche, aber auch eine glaubwürdige Stimme braucht. Nur so kann der Stein ins Rollen gebracht werden. Mir ist bewusst, dass es bis dahin (noch) ein langer Weg sein wird. Allerdings glaube ich, dass mit gut untermauerter Aufklärungs- und Überzeugungsarbeit, mit Geduld und Dialog der lange und steinige Weg zur Gleichberechtigung der Frau in der Kirche bewältigt werden kann.

Ich glaube, dass es würdig und recht sowie heilsam ist, das Thema der Frau in der Kirche zu besprechen und auch eine klare Position zu beziehen. Denn nur so kann etwas geändert und auch zum Besseren gewendet werden. Nur so kann die Amtskirche sich nicht mehr vor der Frauenfrage versperren und muss ernsthaft über diese Thematik sprechen – und mit Frauen, die sich berufen fühlen.

«Man muss an seine Berufung glauben und alles daransetzen, sein Ziel zu erreichen.» Dieses Zitat stammt von der Physikerin, Chemikerin und Nobelpreisträgerin Marie Curie, die im 19. Jahrhundert lebte. Sie hatte eine Mission und setzte sich als Frau durch ihr mutiges und beharrliches Auftreten durch. Und: Sie veränderte dadurch die Welt.

Und die Frauen in der Kirche? Sie haben bereits die Welt verändert und zu einem «besseren» Ort gemacht. Das Verhältnis von Mann und

Frau ist heute um Welten besser als noch vor 60 Jahren. Doch nur weil etwas gut ist, heißt es noch lange nicht, dass man aufhören muss. Gut bedeutet, dass etwas noch besser werden kann. Die Stellung der Frau in der katholischen Kirche ist in bestimmten Bereichen gut. Aber sie ist auf der Ämter- und Leitungsebene schlecht. Um dort eine Änderung zu erreichen, werde ich meiner Berufung folgen und alles daran setzen, dieses Ziel zu erreichen. So ist mit Papst Johannes XXIII. zu sagen: «Erneuere Heiliger Geist in deiner Kirche die Wunder wie in einem neuen Pfingsten.» Das wünsche auch ich der Kirche. Weil sie es nötig hat und weil sie es wert ist, sich für dieses neue Pfingsten in der katholischen Kirche einzusetzen.

Glossar (im Text mit * hinterlegt)

Akolythat	Ist ein Laie, der im Gottesdienst einen liturgischen Dienst übernimmt, insbesondere das Austeilen der Hostien, mithin als Kommunionhelfer.
Apokryphe Schriften	Sie stammen von Gruppen jüdischer oder christlicher Schriftsteller aus der Zeit zwischen 200 v. Chr. und 400 n. Chr. Diese wurden nicht in die Sammlung der Heiligen Schrift aufgenommen.
Apostolische Konstitution	Es ist ein Erlass des Papstes, wobei ein bestimmter Sachverhalt des Kirchenrechts geregelt wird und gleichzeitig zum Glaubensgehorsam verpflichtet, sofern ein Glaubensgegenstand gelehrt wird. Das lehramtliche Dokument hat einen gesetzgebenden Charakter.
Apostolisches Schreiben	Schriftliche Verlautbarung des Papstes.
Approbierten Instruktion	Eine vom apostolischen Stuhl (Papst) genehmigte vatikanische Instruktion (Weisung).
Babylonischer Talmud	Der Babylonische Talmud ist das grundlegende Werk der jüdischen Religion, das biblische Grundsätze in ihrer Auslegung, in den Erörterungen der Schriftgelehrten wiedergibt. Der Talmud enthält zwei Werke: die Mischna aus Palästina, die kanonische Sammlung jüdischer Gesetze, und die Gemara, die Diskussionen über diese Gesetze, die in Babylonien geführt und aufgezeichnet wurden.

Canon	die einzelnen Bestimmungen des CIC sind in Canones (cann.) durchnummeriert
CIC	Codex Iuris Canonici, Codex des kanonischen Rechts, Gesetzbuch der lateinischen Kirche (1983)
contra legem	Gegen das geltende Gesetz (somit gegen das Kirchenrecht von 1983)
dogmatische Konstitution	Es handelt sich hier um eine Lehraussage des höchsten Lehramtes der katholischen Kirche mit dem Anspruch, das Glaubensgewissen der Katholiken zu verpflichten. Es ist jedoch nicht als Dogma definiert.
ekklesial-sakramentalen	«Ecclesia» ist das griechische Wort für «Versammlung» und wird meist mit «Kirche» übersetzt.
Ekklesiologie	Theologische Disziplin, die sich mit der Kirche befasst und sich erst im 20. Jahrhundert entwickelt hat.
EMRK	Konvention vom 4. November 1950 zum Schutze der Menschenrechte und Grundfreiheiten (Europäische Menschenrechtskonvention, für die Schweiz in Kraft getreten am 28. November 1974, SR 0.101)
Enzyklika	Rundschreiben des Papstes, das nach den ersten Worten benannt wird und sich an alle Bischöfe und alle Mitglieder der römisch-katholischen Kirche richtet.
eschatologischer Ebene	Eschatologie kommt aus dem Griechischen eschaton, was «das Ende betreffend» bzw. die «Lehre von den Letzten Dingen» bedeutet.

Ex-cathedra-Entscheidung	Ex cathedra bedeutet ein gesprochenes Wort des Papstes als unfehlbare, also nicht änderbare, Lehrentscheidung in Fragen des Glaubens oder der Sittenlehre. Dabei braucht er keine Zustimmung von der Gesamtkirche. Die katholische Kirche kennt bislang nur eine ex-cathedra-Entscheidungen: Die leibliche Aufnahme Marias in den Himmel (1950).
Gnostische Gruppierungen	Der Gnostizismus ist eine Gruppe religiöser Systeme, die im 2. und 3. Jahrhundert nach Christus existierte.
Gaudium et spes	Pastorale Konstitution *Gaudium et spes* über die Kirche in der Welt von heute vom 7. Dezember 1965
Inkarnieren	Die Inkarnation kommt aus dem Lateinischen und bedeutet «Fleischwerdung» Gottes.
Instrumentum laboris	Arbeitspapier für die Bischofssynode über die Familie. Es galt als Grundlage für die außerordentliche Generalversammlung der Bischofssynode, die vom 5. bis 19. Oktober 2014 im Vatikan stattfand.
Jerusalemer Talmud	aus dem hebräischen: «Belehrung». Ist ebenfalls eines der bedeutendsten Werke des Judentums. Der Talmud hält mündliche Ausführungen, Fragen und Antworten, Streitpunkte wie Rätsel fest und gibt ihnen verbindliche Gestalt.
Kairos	kommt aus dem Griechischen und bedeutet «die rechte Zeit , Gelegenheit».
Lumen gentium	Eine vom Zweiten Vatikanischen Konzil am 21. November 1964 verabschiedete dogmatische Konstitution über die Kirche.

Parusie	wird meist mit «Wiederkunft Jesu Christi» übersetzt. Im Neuen Testament meint Parusie ein Geschehen am Ende des katastrophischen «Ende der Welt» und das Kommen des Menschensohnes.
Scholastische Vorstellung / Scholastik	Scholastik ist eine in sich sehr differenzierte wissenschaftliche Methode der Beweisführung. Ihren Höhepunkt erlebte sie im Mittelalter.
Zweites Vatikanisches Konzil	Es fand vom 11. Oktober 1962 bis zum 8. Dezember 1965 statt und wurde von Papst Johannes XXIII. mit dem Auftrag zu pastoraler und ökumenischer Erneuerung der Kirche (aggiornamento) einberufen.

Anmerkungen

1 Vgl. Walter Kasper, Jesus der Christus, 7. Aufl. Mainz 1978, 79.

2 Da die Anrede «Brüder» im Griechischen ein kollektiver Begriff ist, wird dieser in der neuen Einheitsübersetzung (2017) mit «Brüder und Schwestern» in den neutestamentlichen Briefen übersetzt.

3 Vgl. Susan Haskins, Die Jüngerin. Maria Magdalena und die Unterdrückung der Frau in der Kirche, Bergisch Gladbach 1994.

4 Vgl. Gerhard Dautzenberg, Zur Stellung der Frauen in den paulinischen Gemeinden, in: Ders., Helmut Merklein, Karlheinz Müller (Hrsg.), Die Frau im Urchristentum, Freiburg 1983, 182-224, 221. Der verstorbene brasilianische Diözesanbischof Clemente Isnard sieht in Gal 3,28 gar «ein kräftiges biblisches Argument für die Priesterweihe von Frauen». In: Clemente José Carlos Isnard OSB, Gedanken eines Bischofs zu den heutigen kirchlichen Institutionen, Gösing 2010, 49f.

5 Vgl. Julian R. Backes: «Apostola Apostolorum». Beobachtungen zum Magdalenenproprium des Breviarium Praemonstratense. In: Analecta Praemonstratensia. 90, 2014 [erschienen 2015], 287–290, hier 287f.

6 Vgl. Andrea Taschl-Erber, Maria von Magdala – Erste Apostelin? Joh 20,1-18: Tradition und Relecture, Freiburg 2007, insb. 622-640.

7 Vgl. Gerhard Lohfink, Weibliche Diakone im Neuen Testament, in: Gerhard Dautzenberg et al. (Hrsg.), Die Frau im Urchristentum, Freiburg 1983, 320-338, hier: 327ff.

8 Adolf Martin Ritter, Alte Kirche. Kirchen- und Theologiegeschichte in Quellen. Ein Arbeitsbuch. Band I. Alte Kirche. 8. Aufl. Neukirchen-Vluyn 1997, 15.

9 Vgl. Gerhard LOHFINK, Weibliche Diakone im Neuen Testament, in: Gerhard Dautzenberg et al. (Hrsg.), Die Frau im Urchristentum, Freiburg 1983, 320-338, hier: 333f.

10 Vgl. Hans Achelis, Johannes Paul Gotthilf Flemming, Die ältesten Quellen des orientalischen Kirchenrechts. Band 2. Die syrische Didaskalia, Leipzig, 1904, 45.

11 http://www.katholisch.de/aktuelles/aktuelle-artikel/orthodoxe-fur-wiedereinfuhrung-von-diakoninnen.

12 Vgl. Jos Rosenthal, Die Jüngerinnen. Frauen im Neuen Testament, Kevelaer 2004, 95ff.

13 Übersetzung aus dem griechischen Originaltext: Theodor Schermann, Die allgemeine Kirchenordnung frühchristlicher Liturgien und kirchliche Überlieferung. Erster Teil. Die allgemeine Kirchenordnung des zweiten Jahrhunderts, Paderborn 1914, 24-27, hier: 27. Vgl. auch: Roger Gryson, Le ministère des femmes dans l´Église ancienne, Gembloux 1972, 83f.

14 Vgl. Anne Jensen, Gottes selbstbewusste Töchter. Frauenemanzipation im frühen Christentum?, Freiburg 1992, 141f.

15 Einige Zeilen weiter steht: «Ihr Frauen, ordnet euch euren Männern unter, wie es sich im Herrn geziemt.» (Kol 3,18). Diese «Ordnungen der christlichen Haustafeln» wurden später, etwa um die Zeit zwischen 70 und 100 n.Chr. von anonymen Autoren eingefügt und als Worte des Paulus und des Petrus ausgegeben. Vgl. hierzu: Torsten Jantsch, Schweigend und verschleiert: Ein frühchristliches Frauenideal?, in: Welt und Umwelt der Bibel 4/2015, 26-31, hier: 31.

16 Des Heiligen Kirchenlehrers Johannes Chrysostomus, Erzbischof von Konstantinopel, Kommentar zum Briefe des Hl. Paulus an die Römer. Teil II. Aus dem Griechischen übersetzt von Dr. Josef Jatsch, München 1923, 32. Homilie, Kap. XVI, V. 5-16, 277f.

17 Vgl. Bernadette Brooten, «Junia... hervorragend unter den Aposteln" (Röm 16,7), in: Elisabeth Moltmann-Wendel (Hrsg.), Frauenbefreiung. Biblische und theologische Argumente, 4. veränderte Aufl., München 1986, 148-151.

18 Vgl. Frère Émile, Treue zur Zukunft. Lernen von Yves Congar, Freiburg 2014, 129.

19 Vgl. Friedrich Lang, Die Briefe an die Korinther, NTD Band 7, 17. Aufl., Göttingen/Zürich, 1994, 139.

20 Entnommen aus dem Gedicht «Vorbotinnen» von Märta Wilhelmsson, Schweden: «Plötzlich fällt es mir wie Schuppen von den Augen: / Frauen waren es, die als erste die Osterbotschaft verkündeten / die unglaubliche! / Frauen waren es, die zu den Jüngern eilten, / die atemlos und verstört die größte aller Nachrichten weitersagten: / Er lebt! / Stellt euch vor, die Frauen hätten in den Kirchen Schweigen bewahrt!»

21 Vgl. Volker Henning Drecoll, Mirjam Kudella, Augustin und der Manichäismus, Tübingen 2011, 210.

22 Vgl. Helen Schüngel-Straumann, Eva. Die erste Frau der Bibel. Ursache allen Übels?, Paderborn 2014, 69.

23 Vgl. Karen Jo Torjesen, Als Frauen noch Priesterinnen waren, 5. Aufl. Frankfurt 1998.

24 Thomas von Aquin, Summa Theologiae III, 32,4.

25 Vgl. Karen Jo Torjesen, Als Frauen noch Priesterinnen waren, 5. Aufl. Frankfurt 1998, 19. Ebenso: Ute Eisen, Amtsträgerinnen im frühen Christentum. Göttingen 1996.

26 Christine de Pizan, Das Buch von der Stadt der Frauen. Aus dem Mittelfranzösischen übersetzt, mit einem Kommentar und einer Einleitung versehen von Margarete Zimmermann, Berlin 1986.

27 Erwin Koller, Hans Küng, Peter Krizan, Die verratene Prophetie. Die tschechoslowakische Untergrundkirche zwischen Vatikan und Kommunismus, Luzern 2011.

28 Vgl. Anton Rauscher, Die soziale Natur des Menschen, in: Ders. (Hrsg.), Handbuch der Katholischen Soziallehre, Berlin 2008, 25-40, 37.

29 Felix Hafner, Kirchen im Kontext der Grund- und Menschenrechte, Fribourg 1992, 128.

30 Vgl. Konrad Hilpert, Menschenrechte und Theologie. Forschungsbeiträge zur ethischen Dimension der Menschenrechte, Freiburg 2001, 126.

31 Hans Maier, Kirche und Menschenrechte – Menschenrechte in der Kirche, in: Marianne Heimbach-Steins (Hrsg.), Jahrbuch für Christliche Sozialwissenschaften, Münster 2014, 21-42, 38: So «ergeht

es einem, wenn man erwartungsvoll den c. 208 CIC liest, der von der Gleichheit aller Gläubigen spricht, die aus ,ihrer Wiedergeburt in Christus' stammt. Schritte zu realer Gleichberechtigung, die daraus folgen, sucht man im CIC vergebens. Dem weiblichen Geschlecht räumt zwar das kirchliche Gesetzbuch die Heiratsfähigkeit mit 14 Jahren ein (c. 1083); doch sind Frauen weiheunfähig, wie c. 1024 mit dem Satz ,Die heilige Weihe empfängt gültig nur ein getaufter Mann' verfügt. Daher können sie auch keine Ämter übernehmen, ,zu deren Ausübung Weihegewalt oder Leitungsgewalt erforderlich ist' (c. 274 § 1).

32 Vgl. Pacem in terris Nr. 15 und Nr. 41; Gaudium et spes Nr. 29 und Nr. 60.

33 Vgl. Peter Hünermann, Theologischer Kommentar zur dogmatischen Konstitution über die Kirche Lumen gentium, in: Ders., Bernd Jochen Hilberath (Hrsg.), Herders theologischer Kommentar zum Zweiten Vatikanischen Konzil, Band 2, Freiburg 2004, Sonderausgabe 2009, 263-582, 466f.

34 In 1. Kor 12,12-13 ist bereits die Gleichheitsidee als fundamentaler Grundsatz angelegt, wonach alle Menschen sowohl rechtlich als auch geistlich gleich zu behandeln sind.

35 Vgl. L´Osservatore Romano (18.8.1975), deutsche Ausgabe vom 29.8.1975, Nr. 35, S.2.
Papst Paul VI. spricht von der Frau dabei «als liebe Tochter, als reine und starke Jungfrau, als liebevolle Braut», als Mutter und als Witwe. Allerdings verwies Papst Paul VI. zum 25. Jahrestag der Menschenrechtserklärung wiederholt auf die grosse Bedeutung der unverzichtbaren Menschenrechte.

36 Sekretariat der Deutschen Bischofskonferenz (Hrsg.), Frauen und Kirche. Eine Repräsentativbefragung von Katholikinnen, Reihe Arbeitshilfen 108, Bonn 1988, 97.

37 Vgl. Rainer Bucher, Die Macht der Frau und die Ohnmacht der katholischen Kirche. Zum Ausklingen der patriarchalen Definitionsmacht, in: Sigrid Eder/Irmtraud Fischer (Hrsg.) (unter Mitarbeit von Patrick Marko), «...männlich und weiblich schuf er sie ...» (Gen 1,27). Zur Brisanz der Geschlechterfrage in Religion und Gesell-

schaft (Theologie im kulturellen Dialog 16), Innsbruck/Wien, 2009, 281-296.

38 Kardinal Joseph Ratzinger, Interview in der Tageszeitung «Die Welt» vom 1. Juni 1988, 7.

39 Can 213, CIC 1983: «Die Gläubigen haben das Recht, aus den geistlichen Gütern der Kirche, insbesondere dem Wort Gottes und den Sakramenten, Hilfe von den geistlichen Hirten zu empfangen.»

40 Sabine Demel, Frauen und kirchliches Amt. Vom Ende eines Tabus in der katholischen Kirche, Freiburg 2004, 89.

41 Vgl. Lumen gentium Nr. 30ff. Dazu: Peter Neuner, Abschied von der Ständekirche. Plädoyer für eine Theologie des Gottesvolkes, Freiburg u.a. 2015, 239ff.

42 Vgl. Sabine Demel, Frauen und kirchliches Amt. Grundlage – Grenzen – Möglichkeiten, Freiburg 2012,61 mit Anm. 109. Peter Krämer: «Entweder handelt es sich um Vorbereitungsstufen für das Weihesakrament, dann stehen diese Dienste rechtssystematisch am falschen Platz, oder es handelt sich um ‚Laienämter', dann müssen sie auch für Frauen zugänglich sein.» In: Peter Krämer, Kirchenrecht II. Ortskirche – Gesamtkirche, Stuttgart 1993, 33f. Die Würzburger Synode (1971–75) bat den Papst «in einem Votum am Ende des Beschlusses ‚Dienste und Ämter' darum, ‚die Einsetzung zu Lektoren und Akolythen nicht nur Männern vorzubehalten' und dafür zu sorgen, dass ‚alle Bestimmungen des Kirchenrechts der Würde und der Rechtsgleichheit der Frau entsprechen'.» Vgl. Ilona Riedel-Spangenberger, Zwischen Rechtsschutz und Diskriminierung? Kanonistische Aspekte zur Rechtsstellung der Frau in der Kirche, in: Theodor Schneider (Hrsg.), Mann und Frau – Grundproblem theologischer Anthropologie, Freiburg 1989, 124-141, 137: «Der Ausschluss der Frauen von einer Dauerbestellung in einem liturgischen Akt zum Lektor oder Akolythen wirft die Frage auf, mit welchem Recht Frauen in Hinblick auf Dienste von Laien den Männern gegenüber diskriminiert werden.»

43 Grundlage ist, dass die Sakramente – wie es in can. 840 heißt – «von Christus, dem Herrn eingesetzt und der Kirche anvertraut» und «Handlungen Christi und der Kirche» sind. Der Codex Iuris Canonici hebt in can. 841 hervor: «Da die Sakramente für die

ganze Kirche dieselben sind und zu dem von Gott anvertrauten Gut gehören, hat allein die höchste kirchliche Autorität zu beurteilen oder festzulegen, was zu ihrer Gültigkeit erforderlich ist.» Der Papst könnte also neu beurteilen, was zur Gültigkeit des Weihesakraments erforderlich ist.

44 Zeitschrift «Imprimatur", Heft 2, 2002.

45 Zum göttlichen Recht zählen die Sakramente in der Kirche (can. 840), die Unterscheidung zwischen Kleriker und Laien (can. 270 § 1), das Weihesakrament (can. 1008), die Bischöfe als Nachfolger der Apostel (can. 375 § 1) sowie Papst und Bischofskollegium als Nachfolger von Petrus und dem Apostelkollegium (can. 330). Daraus folgt, dass can. 1024 nicht zum göttlichen, sondern zum menschlichen Recht gehört.

46 Richard Puza, Katholisches Kirchenrecht, Heidelberg, 2.Aufl. 1993, 208.

47 Vgl. Alexander Hollerbach, Art. Naturrecht. IV 3, in: Görres-Gesellschaft (Hrsg.), Staatslexikon. Recht. Wirtschaft. Gesellschaft, 7. völlig neu bearbeitete Auflage, Band 3, Freiburg u.a. 1987, Sp. 1312–1315, hier: Sp. 1314f.: «Es trägt schwerlich zur Glaubwürdigkeit bei, wenn sie (die Kirche, d. Verf.) ad extra eine Beurteilungskompetenz in allen Angelegenheiten für sich in Anspruch nimmt, in denen es um die fundamentalen Rechte der menschlichen Person geht (c. 747 § 2), sich aber innerkirchlich gegenüber der Anerkennung von Persönlichkeitsrechten ängstlich und minimalistisch verhält.»

48 Vgl. Stella Ahlers, Gleichstellung der Frau in Staat und Kirche – ein problematisches Spannungsverhältnis, Münster 2006, 221f.

49 Römische Bischofssynode 1971, Der priesterliche Dienst. Gerechtigkeit in der Welt. Eingeleitet von Klaus Hemmerle und Wilhelm Weber. Herausgegeben von der Deutschen Bischofskonferenz, Trier 1972, 96; Papst Paul VI. spricht sich in seiner Rede vor den Vereinten Nationen solidarisch «zum Schutz und zur Verteidigung der Freiheit und Würde eines jeden Menschen» (AAS 65 (1973), 676) aus. Darin bekräftigte er, dass durch die Kirche «die Achtung und die Sorge für die Menschenrechte bei sich selbst deutlich machen» will. Zudem wird die Förderung und Achtung der Menschenrechte als Forderung des Evangeliums herausgestellt.

So zählt das Umsetzen der Menschenrechte im Raum der Kirche zur zentralen Aufgabe der Kirche. In: L'Osservatore Romano (26.10.1974), in deutscher Sprache abgedruckt in: Herder Korrespondenz 28 (1974), 624-625, 624.

50 Ein Arbeitspapier der Päpstlichen Kommission Justitia et Pax. Die Kirche und die Menschenrechte. Aus der Reihe: Entwicklung und Frieden: Dokumente, Berichte, Meinungen, München 1976, Nr.8.

51 Vgl. dazu auch https://www.kath.ch/newsd/helen-schuengel-straumann-das-frauendiakonat-ist-eine-sackgasse/.

52 Vgl. Tamara Bloch, Die Stellungnahmen der römisch-katholischen Amtskirche zur Frage der Menschenrechte seit 1215. Eine historische Untersuchung unter besonderer Berücksichtigung der Gewährleistungen im CIC/1983, Frankfurt am Main 2008, 148.

53 Etwa in Art. 1 der UNO-Frauenkonvention ist zu lesen: «In diesem Übereinkommen bezeichnet der Ausdruck ,Diskriminierung der Frau' jede mit dem Geschlecht begründete Unterscheidung, Ausschliessung oder Beschränkung, die zur Folge oder zum Ziel hat, dass die auf die Gleichberechtigung von Mann und Frau gegründete Anerkennung, Inanspruchnahme oder Ausübung der Menschenrechte und Grundfreiheiten durch die Frau – ungeachtet ihres Zivilstands – im politischen, wirtschaftlichen, sozialen, kulturellen, staatsbürgerlichen oder jedem sonstigen Bereich beeinträchtigt oder vereitelt wird.» (Hervorhebung im Original). Kirchen fallen in den «sonstigen Bereich», obwohl sie bereits zum sozialen und kulturellen Bereich zu zählen sind. So spricht die UNO-Frauenrechtskonvention in Art. 2 davon, dass die Vertragsstaaten mit allen geeigneten Mitteln unverzüglich eine Politik zur Beseitigung der Diskriminierung der Frau zu verfolgen haben, um «dafür zu sorgen, dass alle staatlichen Behörden und öffentlichen Einrichtungen im Einklang mit dieser Verpflichtung handeln» (Art. 2 Bst. d). Und selbst wenn die Kirche nur eine rein privatrechtlich organisierte Grösse wäre, hat auch dort der Vertragsstaat aufgrund von Art. 2 Bst. e für Massnahmen zu sorgen, um Diskriminierungen gegen die Frau zu verhindern oder zu beseitigen.

54 Die EMRK bestimmt in Art. 9, dass «den Religionsgemeinschaften aufgrund der Religionsfreiheit autonome Bereiche zustehen müs-

sen, allerdings nicht im Sinne einer Kirchenfreiheit mit umfassendem Selbstbestimmungsrecht. Art. 9 EMRK liegt nämlich ein ‚relativ enges Verständnis' im Hinblick auf die Herleitung allfälliger korporativer Rechte zugrunde, weil mit der Unterzeichnung der Konvention keine Veränderung des bestehenden Religionsverfassungsrechts der Konventionsstaaten bewirkt werden sollte.» Aus: Felix Hafner, Religionsfreiheit im Kontext der Menschenrechte, in: Adrian Loretan (Hrsg.), Religionsfreiheit im Kontext der Grundrechte. Religionsrechtliche Studien. Teil 2, Zürich 2011, 121-162, 147f.

55 BGE 116 Ia 81 E. 6b, S.83.

56 Der Bericht der Päpstlichen Bibelkommission ist nicht offiziell, sondern durch Indiskretion veröffentlicht worden, und zwar in: Leonard Swidler, Arlen Swidler (Hrsg.), Women Priests. A Catholic Commentary on the Vatican Declaration, New York u. a. 1977, 338-346 «Appendix II». Siehe dazu Walter Gross, Bericht der Päpstlichen Bibelkommission, 1976, in: ders., Frauenordination. Stand der Diskussion in der katholischen Kirche, München 1996, 25 ff.

57 Die Erklärung «Inter Insigniores» der Kongregation für die Glaubenslehre zur Zulassung zum Priesteramt vom 15. Oktober 1976, in: Gerhard Ludwig Müller (Hrsg.), Von «Inter Insigniores» bis «Ordinatio Sacerdotalis». Dokumente und Studien der Glaubenskongregation. Mit einer Einleitung von Joseph Kardinal Ratzinger, München 2006, 31-46, hier: 33.

58 Inter Insigniores, 34.

59 Vgl. Elisabeth Schüssler-Fiorenza, Neutestamentlich-frühchristliche Argumente zum Thema Frauen und Amt. Eine kritische feministische Reflexion, in: Theologische Quartalschrift 173. Jahrgang, München 1993, 173-185, 173 f.

60 Karl Rahner, Priestertum der Frau?, in: Stimmen der Zeit, 195. Band, Freiburg 1977, 291-301, hier: 295.

61 Inter Insigniores, 34.

62 Zit. nach Karl Rahner, Priestertum der Frau?, in: Stimmen der Zeit, 195. Band, Freiburg 1977, 291-301, hier: 292.

63 Vgl. Wolfgang Beinert, Dogmatische Überlegungen zum Thema Priestertum der Frau, in: Theologische Quartalschrift, 173. Jahrgang, München 1993, 186-204, hier: 201.

64 Vgl. Wolfgang Beinert, Dogmatische Überlegung zum Thema Priestertum der Frau, in: Theologische Quartalschrift, 173. Jahrgang, München 1993, 186-204, hier: 189.

65 Inter Insigniores 23.

66 Inter Insigniores, 23.

67 Karl Rahner, Priestertum der Frau?, in: Stimmen der Zeit, 195. Band, Freiburg 1977, 291-301, hier: 298.

68 Vgl. Christian Oeyen, Frauenordination. Was sagt die Tradition wirklich?, in: Internationale Kirchliche Zeitschrift 75 (1985), 97-118, 118.

69 Scotus, in IV Sent. D. 25, Scholion, Opus Oxiense. Der Text ist hier zitiert nach Dennis Michael Ferrara, Ordination of Women. Tradition and Meaning, in: Theological Studies, 53 (1994) 706-719, 712.

70 Vgl. Wolfgang Beinert, Theologie und kirchliches Frauenbild, in: Ders. (Hrsg.), Frauenbefreiung und Kirche. Darstellung, Analyse, Dokumentation, Regensburg 1987, 51-76, 67.

71 Zit. nach Michael Schmaus, Das katholische Priestertum – ein soziologisches oder ein theologisches Phänomen?, in: Audomar Scheuermann, Georg May (Hrsg.), Ius Sacrum. Klaus Mörsdorf zum 60. Geburtstag, München 1969, 3-14, hier: 3.

72 Apostolisches Schreiben *Ordinatio Sacerdotalis* über die nur Männern vorbehaltene Priesterweihe vom 22. Mai 1994, in: Gerhard Ludwig Müller (Hrsg.), Von «Inter Insigniores» bis «Ordinatio Sacerdotalis». Dokumente und Studien der Glaubenskongregation. Mit einer Einleitung von Joseph Kardinal Ratzinger, Würzburg 2006, 181-184, hier: 183.

73 Abgesehen davon, dass die Glaubenskongregation keine ex-cathedra-Entscheidung* fällen kann, wird in dem Antwortschreiben vom Dezember 1995 nicht die päpstliche Höchstkompetenz in Anspruch genommen, was nach can. 749 § 1 CIC 1983 für eine ex-cathedra-Entscheidung ein wichtiges Formalerfordernis ist. Bischöfe und Papst müssen in «gemeinschaftlicher Verbundenheit» ihre Lehrautorität in Anspruch nehmen und somit verbindlich und authentisch lehren. Es braucht vier notwendige Kriterien für die unfehlbare Lehrentscheidung des Papstes. Im *Responsum* findet sich jedoch nur ein einziges Kriterium. Es wird zwar die Formel

«die Brüder zu stärken» verwendet, jedoch nicht erwähnt, dass der Papst als «oberster Hirt und Lehrer aller Gläubigen» handelt. Die Inanspruchnahme der «Glaubens- und Sittenlehre» ist im *Responsum* nicht zu finden, die jedoch in der offenen Formulierung «der bedeutenden Angelegenheit, die die göttliche Verfassung der Kirche selbst betrifft» angedeutet sein könnte.

74 Vgl. Theresia Heimerl, Andere Wesen. Frauen in der Kirche, Wien 2015, 21.

75 Kallistos Ware, Man, Woman and Priesthood of Christ, New York 1999, 7.

76 Theodor Nikolaou, Die Frauenordination in orthodoxer Sicht, Orthodoxes Forum 2002/2, 181.

77 http://katholisch.de/aktuelles/aktuelle-artikel/wir-mussen-zwingend-dafur-beten.

78 Wolfgang Seibel, Die Stellung der Frau in der Kirche, in: Stimmen der Zeit 4/1986, 217-218, hier: 217. Online: http://www.stimmen-der-zeit.com/zeitschrift/archiv/beitrag_details?k_beitrag=2660526&query_start=2&k_produkt=2694114

79 Treffend Herta Nagl-Docekal, Geschlechtergerechtigkeit: Wie könnte eine philosophische Perspektive für die theologische Debatte von Relevanz sein?, 81.

80 Elisabeth Gössmann kritisierte an *Mulieris Dignitatem*: «Mit der Warnung vor 'Vermännlichung' nähert sich das päpstliche Schreiben jener Überbetonung weiblicher Eigenart, die dann doch wieder zum Ausschluss von Frauen von bestimmten Bereichen führt.» Elisabeth Gössmann, Kommentar zu *Mulieris Dignitatem*, in: Die Zeit der Frau. Apostolisches Schreiben «Mulieris Dignitatem» Papst Johannes Paul II, Freiburg 1988, 121-150, hier: 137.

81 Die Tradition der Geschwisterlichkeit gab es bereits in der frühen Kirche. Dort war es normal, dass das Christsein eine neue Familie brachte, die nur einen Vater (also Oberhaupt, Anführer) hatte: Jesus Christus. Alle anderen waren auf gleicher Stufe. Das führte bereits in den Evangelien sichtbar zu einem Aufblühen weiblicher Selbstachtung und in den ersten Generationen nach Jesus zu einem Aufruf zur vollen Selbstverwirklichung der eigenen Persönlichkeit.

82 Vgl. Wolfgang Beinert, Unsere Liebe Frau und die Frauen, Freiburg 1989, 14.

83 Dr. Astrid Lobo Gajiwala setzt sich in Indien stark für Frauenfragen ein. Sie fordert Gleichberechtigung und Rechtsgleichheit von Frauen ein und war bereits zum 8. Internationalen Frauentag im Vatikan eingeladen worden. Ebenso ist sie Beraterin bei der asiatischen Bischofskonferenz und der katholischen Bischofskonferenz in Indien.

84 John Baur, Christus kommt nach Afrika. 2000 Jahre Christentum auf dem Schwarzen Kontinent, Fribourg 2006, 444.

85 Karl Rahner, Priestertum der Frau?, in: Stimmen der Zeit 195, 1977, 291 ff. Auch der Jesuit Haye van der Meer erhob die Stimme für Frauen im priesterlichen Amt. Ebenso schrieben während des Zweiten Vatikanischen Konzils Theologinnen eine Eingabe mit der Forderung nach dem Frauenpriestertum: Gertrud Heinzelmann (Hrsg.), Wir schweigen nicht länger! Frauen äußern sich zum Zweiten Vatikanischen Konzil, Zürich 1964.

86 Mercy Amba Oduyoye, Wir selber haben ihn gehört. Theologische Reflexion zum Christentum in Afrika, Fribourg 1988, 183.

87 Vgl. Rosemary Radford Ruether, Maria. Kirche in weiblicher Gestalt, München 1980, 69.

88 Vgl. Frère Émile,Treue zur Zukunft. Lernen von Yves Congar, Freiburg 2014, 57.

89 Frère Émile, Treue zur Zukunft. Lernen von Yves Congar, Freiburg 2014, 79.

90 Frère Émile, Treue zur Zukunft. Lernen von Yves Congar, Freiburg 2014, 110.

91 Papst Franziskus bemängelt Umsetzung des Zweiten Vatikanums: http://de.radiovaticana.va/storico/2013/04/16/papst_franziskus_bem%c3% a4ngelt_umsetzung_des_zweiten_vatikanums/ted-683281.

92 Yves Congar, Heilige Kirche. Ekklesiologische Studien und Annäherungen, Stuttgart 1966, 135.

93 Yves Congar, Erneuerung des Geistes und Reform der Institution, in: Concilium 8 (1972) 171-176, hier: 172.